EDITORA **ELEFANTE**

CONSELHO EDITORIAL
Bianca Oliveira
João Peres
Leonardo Garzaro
Tadeu Breda

EDIÇÃO
Tadeu Breda

PREPARAÇÃO
João Peres

REVISÃO
Tomoe Moroizumi
Mariana Favorito

FOTOS
Ellen Elsie
Heriberto Paredes

PROJETO GRÁFICO & DIAGRAMAÇÃO
Bianca Oliveira

ORGANIZAÇÃO

-

FABIANA RITA DESSOTTI

-

FABIO LUIS BARBOSA DOS SANTOS

-

MARCELA FRANZONI

MÉXICO E OS DESAFIOS DO PROGRESSISMO TARDIO

CONTEÚDO

PREFÁCIO

LUCIO OLIVER

Este livro se origina de uma aproximação social, intelectual e coletiva de jovens brasileiros universitários comprometidos com a compreensão da realidade contemporânea do México, entendido como um país latino-americano. O resultado é um olhar próprio e criativo, produzido a partir de pesquisas, visitas, entrevistas e debates no e sobre o México. Os textos buscam apresentar uma sociedade, uma cultura e um território, procurando apreender a sua natureza, a vida social e comunitária, a situação histórico-política e a espiritualidade de um país muito diferente.

Os textos aqui reunidos deixam claro que o México vive hoje um momento de mudança provocada pelo esgotamento de suas forças político-culturais neoliberais tradicionais que, ao longo de 35 anos, foram dominantes nas instituições e nas políticas nacionais. É inquietante e difícil fazer qualquer apreciação contundente sobre a vida dos mexicanos sob o novo governo progressista, pois trata-se de um processo aberto e contraditório, em que novas forças ascendem ao Estado em um contexto global cambiante, em crise. Uma questão que se destaca no livro é a dificuldade de promover mudanças quando a realidade mundial se encontra dominada pelo capital e pela globalização — e, no caso do México, pelas obrigações derivadas dos compromissos do Acordo de Livre-Comércio da América do Norte (Nafta), que em novembro de 2018 começou a ser substituído pelo Tratado entre México, Estados Unidos e Canadá (T-MEC).[1]

México e os desafios do progressismo tardio recupera a comparação entre o Brasil durante os governos progressistas (2003–2016) e a situação atual do México, advertindo que a história não se repete mecanicamente. No entanto, os capítulos salientam experiências que servem de bússola à nova fase política mexicana. Os textos evidenciam que, na América Latina, reformas superficiais não conseguem enfrentar problemas histórico-estruturais — e que o reformismo se mostra ainda mais débil quando pautado pelo estatismo, pelo cesarismo presidencial e pela despolitização das massas e a submisão da sociedade civil.

O que hoje vive o México são novas expressões de empoderamento popular radical, canalizado nos processos eleitorais, na atividade política de múltiplos movimentos sociais e em uma disputa de grande diversidade entre projetos de hegemonia das forças populares — a qual ainda não está definida, e é protagonizada por múltiplos atores políticos e culturais. A sociedade ainda não se posicionou de maneira autônoma diante das grandes tendências.

Na América Latina, o progressismo e as esquerdas críticas não compartilham um único projeto. Duas posições políticas, atualmente, propõem projetos opostos, embora entrelaçados. O nacionalismo estatista do novo governo mexicano, com aspirações desenvolvimentistas sob perspectivas populistas, se apresenta articulado e em contraposição aos projetos de or-

1 Também conhecido como Nafta 2.0, uma "atualização" do Nafta (que começou a vigorar em 1994), o T-MEC foi assinado pelo primeiro-ministro do Canadá, Justin Trudeau, e pelos presidentes dos Estados Unidos, Donald Trump, e do México, Enrique Peña Nieto, em 30 de novembro de 2018, durante a Cúpula do G-20 em Buenos Aires, na Argentina. A celebração do acordo ocorreu depois que Andrés Manuel López Obrador já havia sido eleito presidente mexicano, e a um dia de sua posse, ocorrida em 1º de dezembro. O documento ainda precisa ser ratificado pelos congressos dos três países antes de entrar em vigor. [N.E.]

ganização autônoma popular, com perspectivas nacionais e mundiais, que são conduzidos por grupos dirigentes coletivos, pensamento crítico, mobilização e organização de massas, e com políticas nacionais e regionais democráticas de transição.

A atual experiência progressista do México se produz em meio a uma crise nacional e internacional. Tal situação abre opções e possibilidades para que a sociedade possa compreender os interesses em disputa e para que a crise possa se transformar em escola de luta e opção de desenvolvimento político cultural de massas que acompanhe ou supere as políticas do novo governo.

O México, como o Brasil, é um grande país em termos de recursos naturais e sociais, comunidades históricas, forças histórico-sociais e recursos políticos, intelectuais e culturais. É no plano dessa sociedade e dessa cultura, transformadas em força política, que nossos países ainda têm muito a percorrer em seus processos de emancipação.

LUCIO OLIVER é sociólogo e professor da Universidade Nacional Autônoma do México (Unam)

INTRODUÇÃO

Este livro é resultado de um processo coletivo: ao longo de 2018, um grupo de estudantes e professores de diferentes universidades se reuniu para discutir o México. Foi a quinta edição do programa de extensão universitária "Realidade Latino-Americana", da Universidade Federal de São Paulo (Unifesp), que desde 2014 enfoca, a cada ano, um ou dois países da região. O programa tem três etapas: formação do grupo, pesquisa de campo e difusão dos resultados. Inicialmente, estudou-se a história mexicana em encontros quinzenais, problematizando os dilemas atuais do país e suas relações internacionais. Na segunda fase, 29 participantes fizeram a viagem técnica de pesquisa, percorrendo quatro cidades (Cidade do México, Puebla, Oaxaca e San Cristóbal de las Casas), nas quais foram realizadas mais de vinte atividades. A terceira etapa envolveu seminários públicos e a elaboração deste livro.

Em julho de 2018, quando o grupo estava em pleno processo de formação, Andrés Manuel López Obrador elegeu-se presidente do país. Meses depois, o início do trabalho de campo no México coincidiu com a posse do novo mandatário. Participantes do grupo assistiram com milhares de mexicanos ao seu primeiro discurso no Zócalo, principal praça da capital do país. As perguntas que o grupo se colocou foram moduladas por este importante acontecimento: a primeira vitória de um candidato de esquerda, no segundo maior país do continente. O México entra na onda progressista em um momento em que o resto do continente vive sua ressaca. Como explicar essa contradança, em que o México parece ir para a esquerda, quando a maior parte da América do Sul vai para a direita?

Aos olhos brasileiros, o entusiasmo vivido por muitos mexicanos tem o sabor amargo de algo já visto. A persistência eleitoral de López Obrador, as alianças que fez no caminho e as expectativas de mudança que desperta parecem reprisar uma novela que não vale a pena ser revista. No entanto, a história não tem reprise, e o México não é o Brasil. Daí a necessidade de entender as particularidades desse país para se interpretar o que está acontecendo.

A estrutura do livro replica o movimento da investigação coletiva. Na primeira parte, é introduzida a singularidade do México no contexto latino-americano. Dois pontos são salientados: a modalidade de democracia de partido único comandada pelo Partido Revolucionário Institucional (PRI), cujas origens remetem à Revolução Mexicana no começo do século XX; e a intensidade das relações com os Estados Unidos, que incidem em todas as esferas da existência mexicana. Uma das chaves para entender o que acontece no México hoje é constatar que o primeiro ponto mudou. O segundo, não.

Em seguida discutem-se os principais problemas do país. A intenção é aquilatar o tamanho dos desafios enfrentados pelo novo presidente. Como nas demais partes, o ponto de partida são questões que o grupo colocou para si mesmo e às quais tentou responder. É importante ressaltar que, embora os textos sejam assinados, cada um deles foi discutido coletivamente e reescrito a fim de incorporar as observações do grupo.

Na terceira parte, a atenção se volta para os movimentos sociais. O outro lado do padrão de dominação estabelecido pelo PRI é uma forte tradição de luta popular, particularmente de viés autonomista, ou seja: que não acredita nem se apoia no Estado para resolver seus problemas. Nessa seção, como nas demais, os textos brasileiros são complementados pela análise de mexicanos entrevistados pelo grupo.

A quarta parte aborda o começo do novo governo, para então explorar a comparação de López Obrador com Lula — mas também com Jair Bolsonaro. O livro se encerra com uma reflexão coletiva, endereçando a principal questão que este grupo enfrentou: afinal, a eleição de López Obrador deve ser interpretada como uma vitória da mudança ou uma alternativa de gestão da crise mexicana?

PARTE I
CONTEXTO

O QUE FOI A REVOLUÇÃO MEXICANA?

FABIO LUIS BARBOSA DOS SANTOS

A Revolução Mexicana que eclodiu em 1910 foi uma das rebeliões populares mais radicais da história. Durante quase dez anos, o país mergulhou em uma guerra civil que envolveu tropas de trabalhadores rurais, guerrilhas camponesas, batalhões operários, caudilhos liberais e conservadores, a Igreja, as mulheres (como as *adelitas* ou *soldaderas*), o exército mexicano e os Estados Unidos.

Se a revolução não alterou a estrutura de classes da sociedade mexicana — podendo, neste sentido, ser descrita como uma "revolução interrompida" (Gilly, 1974) —, ela foi um divisor de águas na história do país. O muralismo mexicano; a reforma agrária e a nacionalização petroleira sob Lázaro Cárdenas; o PRI como partido de Estado; a neutralidade em relação à Revolução Cubana; a preservação do patrimônio arqueológico; e a trajetória da Universidade Nacional Autônoma do México (Unam), a maior universidade da América Latina, entre outros traços marcantes da história do país, só podem ser compreendidos à luz desse evento fundador. Se o México é conhecido por suas novelas, na sua origem está uma epopeia.

As raízes dessa revolução remetem às contradições do desenvolvimento mexicano no século XIX. Após a independência, em 1821, a própria sobrevivência nacional esteve ameaçada. O México foi envolvido em conflitos com a Espanha (1829), com a França (1838) e com os Estados Unidos (duas vezes, em 1835-1836 e 1846-1848), os quais resultaram em importantes perdas territoriais: Texas, Califórnia, Novo México, Arizona, entre outros territórios estadunidenses, eram originalmente território mexicano.

Nesse contexto, setores da classe dominante entenderam que o progresso era um imperativo para a sobrevivência do país. E a via do progresso implicava, por um lado, intensificar relações mercantis com os Estados Unidos, potencializadas por ferrovias; e, por outro, o desenvolvimento capitalista do campo, enfrentando a Igreja, principal latifundiária improdutiva, mas também as comunidades rurais, que têm na terra um meio de vida e não uma mercadoria.

Esse liberalismo mexicano, capitaneado por Benito Juárez, homem de origem indígena, levou setores reacionários próximos à Igreja a mobilizarem apoio externo. Tropas francesas invadiram o país em 1862, e uma breve monarquia se impôs (1864-1867), enquanto os Estados Unidos se dilaceravam na Guerra de Secessão (1861-1865). Ao galvanizar a resistência ao invasor e ao imperador Maximiliano de Habsburgo, afinal degolado, o liberalismo mexicano acabou se identificando com o próprio nacionalismo.

É esse o pano de fundo do Porfiriato (1876-1911), período entre a derrota da reação e a eclosão da revolução, em que o tirano Porfírio Díaz comandou o país. Esse regime sacrificou a dimensão política do liberalismo (liberdade de expressão e de organização) em nome da modernização e da estabilidade, entendidas como condições para espantar a ameaça da fragmentação territorial. O arranjo foi favorecido pelo crescimento econômico, uma vez que o México engatou como exportador primário na extraordinária expansão industrial dos Estados Unidos após a guerra civil. Por outro lado, o avanço de relações capitalistas no campo acirrou tensões sociais, que, afinal, explodiram na revolução.

O estopim da rebelião foi uma disputa no seio da elite. O fazendeiro Francisco Madero, líder do partido contrário à reeleição de Díaz, conclamou aliados a um levantamento armado em novembro de 1910, contra a decisão do ditador de permanecer no poder. O levante foi exitoso. Díaz caiu no ano seguinte e Madero sagrou-se presidente. Entretanto, a rebelião ganhou vida própria e logo ultrapassou os modestos objetivos políticos de seu líder original. Grupos armados e de perfil variado em todo o país não se deram por satisfeitos com a troca de mando, e Madero passou a combatê-los. Apesar da diversidade social e organizativa dos rebelados, um denominador comum os aproximava: a questão da terra.

As duas lideranças mais famosas da revolução, Pancho Villa e Emiliano Zapata, ilustram essa diversidade. Villa provém do norte do país, uma sociedade de fronteira onde a mineração, a indústria e a ferrovia difundiram o assalariamento. Zapata é oriundo de Morelos, no centro-sul, onde formas comunitárias de relação com a terra associadas aos povos nativos são marcantes. Villa comandou um exército. Zapata, uma guerrilha. Villa era um homem do rancho. Zapata, da comuna.

Seus caminhos se cruzaram em 1914. Nesse ano, a pressão popular atingiu o ápice, emblematicamente registrado na fotografia de Villa sentado na cadeira presidencial ao lado de Zapata. Entretanto, o triunfo momentâneo não resultou na realização da reivindicação dos de baixo. Nos anos seguintes, os de cima se reorganizaram, as forças populares foram derrotadas e ambos os líderes acabaram assassinados.

Não há consenso em relação ao momento em que a revolução se extinguiu. Entre o levante maderista e a Constituição de 1917 — mesmo ano da Revolução Russa —, o poder mudou de mãos diversas vezes. Nesse processo, a intransigência das classes dominantes com a mudança social ficou evidente:

sucessivos presidentes dedicaram-se a encerrar o conflito reprimindo a reivindicação popular, o que estendeu a guerra civil por quase uma década. Confrontados com a ameaça da insurreição popular e da intervenção estadunidense, os que estavam no poder evitaram a todo custo o caminho mais curto para a paz: resolver a questão agrária.

Na leitura de Roux e Gilly (1996), a revolução terminou em uma espécie de impasse. Se é certo que a estrutura de classes e a desigualdade social se perpetuaram, demandas populares fundamentais foram integradas ao arcabouço institucional que se consolidou. Consumou-se um pacto velado, em que os direitos políticos dos de baixo foram expropriados, resultando na dominação autocrática do partido de Estado. Em troca, avançou-se uma agenda de direitos sociais consagrados na Constituição de 1917, que incluiu terra, trabalho, educação e propriedade pública (por exemplo, do petróleo). A vitalidade do padrão de dominação dependeu da legitimidade desse arranjo, e não da obtenção de votos.

Esse pacto teria se consolidado no final dos anos 1920, quando o assassinato de Álvaro Obregón estabeleceu a alternância presidencial como regra (porém, nunca a renovação política); ganhou fôlego sob Lázaro Cárdenas (1934–1940), quando a "democracia dos trabalhadores" implicou um disciplinamento da relação com os trabalhadores segundo moldes corporativistas; prosperou durante os decênios de "desenvolvimento estabilizador" que seguiram o pós-guerra; começou a fazer água com o massacre de Tlatelolco, em 1968, que impulsionou guerrilhas; ganhou uma sobrevida com a riqueza petroleira no final dos anos 1970; e foi colocado em xeque diante da aguda crise que eclodiu em 1982.

A resposta mexicana aos impasses do nacional-desenvolvimentismo acarretou uma opção estratégica pelos Estados Unidos, distanciando-se das premissas em que se assentou o regime pós-revolucionário. Nesse contexto, a vitória de

Cuauhtémoc Cárdenas em 1988, um dissidente do PRI que recuperava o ideário nacionalista do pai, pode ser interpretada como uma insurreição eleitoral, derrotada pela fraude.

Nos anos seguintes, a mudança na lei agrária condenou o *ejido* (forma comunal de propriedade da terra), sucedida pelo ingresso no Nafta, em 1992. Os dois marcos evidenciaram que o pacto velado na origem do regime estava ultrapassado. Esvaziado qualquer lastro com a revolução que o fundou, este padrão de dominação só se sustentou, daí em diante, na base da coerção, do clientelismo e da fraude. A revolução sobrevive como inspiração para quem luta pela mudança, e como alerta para aqueles que a reprimem.

REFERÊNCIAS BIBLIOGRÁFICAS

AGUILAR CAMIN, Héctor & MEYER, Lorenzo. *À sombra da Revolução Mexicana*. São Paulo: Edusp, 2000.

GILLY, Adolfo. *La revolución interrumpida*. México: El Caballito, 1974.

_____ (org.). *Interpretaciones de la Revolución Mexicana*. México: Unam/Nueva Imagen, 1980.

KATZ, Friederich. *The Life and Times of Pancho Villa*. Stanford: Stanford University Press, 1998.

KNIGHT, Alan. *The Mexican Revolution*. 2 volumes. Lincoln: University of Nebraska Press, 1990.

ROUX, Rhina & GILLY, Adolfo. "La crisis estatal prolongada", em GILLY, Adolfo. *México: el poder, el dinero y la sangre*. México: Aguilar, 1996, pp. 169-94.

WOMACK JR., John. *Zapata and the Mexican Revolution*. Nova York: Vintage Books, 1970.

POR QUE AS ELITES MEXICANAS OPTARAM PELOS ESTADOS UNIDOS E PELA LIBERALIZAÇÃO ECONÔMICA?

CARLOS EDUARDO CARVALHO

A opção pelas reformas liberalizantes e pela integração econômica com os Estados Unidos tornou-se hegemônica entre as elites mexicanas em algum momento da primeira metade dos anos 1980. Foi um processo longo, sem um marco inicial delimitado. Mas o marco final é claro: a assinatura do Acordo de Livre-Comércio da América do Norte (Nafta, na sigla em inglês) com os Estados Unidos e o Canadá, em 1991–1992, indica o momento em que foi institucionalizada a reorientação da inserção externa e da estratégia de desenvolvimento econômico do país — movimentos que haviam se aprofundado nos anos anteriores e que àquela altura já estavam consolidados.

As motivações certamente estavam ligadas à mistura de frustrações e de receios que se acumulavam desde os anos 1970, galvanizados pela grave crise cambial de 1982. A moratória da dívida externa em agosto daquele ano evidenciou a fragilidade da posição internacional do México. Equacionar as contas externas exigia enorme e custoso esforço para ajustar a economia às condições criadas pela crise financeira internacional deflagrada pelas mudanças na política econômica dos Estados Unidos, o qual certamente incluiria queda da renda da população, com inflação e desemprego, e poderia ameaçar o equilíbrio político e social a que o país se acostumara desde o final da Revolução de 1910.

Dos anos 1930 até o início dos anos 1970, o México vivera o "desenvolvimento estabilizador": crescimento acelerado, com urbanização e industrialização, como em outros países da região no mesmo período, mas sem a forte instabilidade econômica e política que atingiu Argentina, Brasil e Chile.

O México cresceu muito, com inflação baixa e estabilidade cambial. O petróleo estatizado em 1938 garantia dólares ao governo, facilitava a estabilidade do setor externo da economia e da taxa de câmbio e — mais importante — reduzia a necessidade de tributar os setores mais ricos. A reforma agrária herdada da revolução assegurava a oferta de alimentos para as cidades em rápido crescimento, enquanto outros países enfrentavam persistente encarecimento do custo de vida dos mais pobres. O aumento da população rural, além de progressivamente dividir o tamanho das propriedades dos pais com os filhos que permaneciam na terra, gerava uma migração crescente para as cidades, fenômeno comum a países em desenvolvimento. No caso do México, parte desse fluxo passou a alimentar uma crescente migração para os Estados Unidos, onde havia escassez de mão de obra, por causa do ritmo acelerado de crescimento econômico. As relações com o grande vizinho também estimulavam o ingresso de capital externo e os fluxos financeiros entre os dois países.

No começo dos anos 1970, contudo, tensões bem conhecidas de outros países latino-americanos surgiram no México. Houve queda do ritmo de crescimento econômico. A indústria não conseguia manter o ritmo de expansão e encontrava dificuldades crescentes para incorporar progresso técnico. A inflação começou a subir e a forte desvalorização do câmbio em 1976 foi o sinal traumático de que os tempos haviam mudado.

Então aconteceu o encontro de uma escolha previsível com um alívio inesperado. A aceleração da industrialização, por meio da substituição de importações, cruzou-se com a descoberta de enormes reservas de petróleo, que deram ao México a imagem de um país livre de risco cambial para o capital externo.

Pode-se considerar previsível a escolha, porque a industrialização era o projeto básico das elites dos países grandes da América Latina, e também da maioria dos países médios. Os grupos econômicos e as forças políticas se articulavam e se combatiam em torno desse projeto desde pelo menos os anos 1920. Foi o que se viu no Brasil: a ditadura que pretendia enterrar o varguismo gerou Ernesto Geisel e seu segundo Plano Nacional de Desenvolvimento (PND), em 1974, contemporâneo do projeto mexicano de industrialização acelerada; e o que se viu também na Venezuela, que estatizou o petróleo e criou a Petroleos de Venezuela S.A. (PDVSA) em 1974–1975, nas pegadas da criação da Petroleos Mexicanos (Pemex) em 1938 e da Petrobras em 1952.

A quebra do sistema de Bretton Woods,[2] em 1971–1973, provocou grande desordem no sistema financeiro internacional, mas não uma retração generalizada, como ocorrera nos anos 1930, depois da quebra definitiva do padrão ouro baseado na libra inglesa. A ruptura das regras que organizaram a hegemonia do dólar, no final da Segunda Guerra Mundial, assinadas em Bretton Woods, deu lugar a um cenário de grande

2 Sistema de gerenciamento econômico internacional que teve início em julho de 1944 com regras para as relações comerciais e financeiras entre os países mais industrializados do mundo, estabelecendo uma ordem monetária totalmente negociada, lastreada no ouro. Durou até 1971, quando os Estados Unidos, unilateralmente, acabaram com a convertibilidade do dólar em ouro. [N.E.]

liquidez internacional. Os países centrais mostravam dificuldades para lidar com o novo cenário, agravado pelos impasses políticos dos Estados Unidos depois do impeachment do presidente Richard Nixon e da derrota militar no Vietnã.

Para muitos países da América Latina, o crédito fácil e barato parecia viabilizar a meta de acelerar o investimento e "completar" a industrialização substitutiva, ou seja, internalizar a produção industrial em todos os seus níveis. No México, esses objetivos pareciam ao alcance da mão, com a garantia do petróleo abundante. O Brasil, por sua vez, tinha que gastar muito para importar petróleo; a Venezuela tinha petróleo, mas sua base industrial era fraca; a Argentina possuía uma indústria complexa, era autossuficiente em energia, mas afundava em conflitos políticos destrutivos, com a decomposição do peronismo precipitada pela morte do caudilho. O México parecia ter tudo alinhado de maneira favorável. Bancos e investidores internacionais acreditavam nisso e injetavam dólares no país, já inundado pelas receitas do petróleo.

Da mesma forma que outros países da América Latina, o México surfou na onda do dinheiro fácil e não se preparou para a reversão da bonança — ameaça sempre à espreita em países dependentes da exportação de produtos primários. As mudanças nos Estados Unidos iniciadas em 1979, com a elevação dos juros, acabaram revertendo os fluxos de capitais e a alta dos preços dos produtos primários em 1981-1982. O primeiro a quebrar foi o Chile de Augusto Pinochet; depois, a Argentina dos militares, e logo a situação cambial do México ficou insustentável: o país entrou em moratória em agosto de 1982, seguido pelo Brasil do general João Baptista Figueiredo e de Delfim Netto — em nosso caso, uma moratória não declarada.

Com a maioria dos países grandes e médios da América Latina em moratória, os maiores bancos dos Estados Unidos estavam em graves apuros, tecnicamente quebrados. Abria-se para o México uma situação nova. Era possível pensar em uma frente de credores que poria os bancos e o governo dos Estados Unidos em situação adversa. Contudo, a via de conflito e de negociação em grupo implicava riscos facilmente percebidos no quadro político da região — dificuldades crescentes das ditaduras no Chile e no Brasil, e principalmente na Argentina; guerrilhas e caos político em diversos países da América Central e do Caribe; ameaças militares dos Estados Unidos com a política externa agressiva do governo Ronald Reagan.

A Casa Branca escolheu "socorrer" o México e o Chile de Pinochet. Os créditos de Washington e do Fundo Monetário Internacional (FMI) abriam um caminho mais fácil para as elites mexicanas. A alternativa seria um conflito prolongado e a adesão a um bloco latino-americano, com aliados desconhecidos ou fragilizados, e o risco de seu próprio país ser contaminado pela virada do continente em direção a políticas de centro-esquerda ou de esquerda. Estava viva a lembrança do que ocorrera em 1910 e nos anos seguintes.

Alinhar-se com Washington era um caminho mais suave, ou menos difícil, que naquele momento não requeria ampla liberalização econômica interna. Do outro lado do Pacífico, Coreia do Sul e China haviam se alinhado com os Estados Unidos sem terem liberalizado a economia. A violenta ditadura anticomunista de Seul realizara uma política de industrialização agressiva liderada pelo Estado décadas antes, e a China de Deng Xiaoping enveredara pelas reformas no final dos anos 1970, pouco antes do México, e inaugurou um novo modelo para o desenvolvimento acelerado. Nos dois casos, o alinhamento externo foi articulado com o desenvolvimento liderado pelo Estado e a utilização seletiva do que se passou a designar como "neoliberalismo".

O México, diferentemente, articulou alinhamento externo com ampla liberalização econômica interna. Nos dois terrenos, prevaleceu a opção pelo caminho menos custoso, menos conflitivo. Industrialização acelerada requeria ajustes internos difíceis, enfrentamentos entre setores das elites, restrições de consumo, disputas complexas e um Estado forte para construir e arbitrar os acordos necessários. Seria preciso que Estado e elites apostassem mais no desenvolvimento do país do que no medo diante dos desafios e dos riscos de descontentamento popular.

Décadas depois, os resultados obtidos por México, China e Coreia do Sul permitem avaliações consistentes sobre os desdobramentos das escolhas feitas naquele período crucial.

REFERÊNCIAS BIBLIOGRÁFICAS

AUDLEY, John; PAPADEMETRIOU, Demetrios G.; POLASKI, Sandra & VAUGHAN, Scott. *Nafta's Promise and Reality: Lesson from Mexico for the Hemisphere*. Washington: Carnegie Endowment for International Peace, 2004.

CLAVIJO, Fernando & VALDIVIESO, Susana. *Reformas estructurales y política macroeconómica: el caso de México 1982–1999*. Santiago: Cepal / PNUD, 2000.

CORDERA, Rolando. "La 'gran transformación' del milagro mexicano. A 20 años del TLCAN: de la adopción a la adaptación", em *Revista Problemas del Desarrollo*, v. 46, n. 180, jan.-mar. 2015, pp. 11–25.

FLORENCIO, Sergio A. L. "Mercosul e política externa brasileira. Nafta e comércio exterior mexicano. Crises e desafios", em *Política Externa*, p. 28, 2015.

HEREDIA, Blanca. *Las dimensiones políticas de la reforma económica en México*. Santiago: Cepal, 1995.

MORENO-BRID, Juan C. "La economía mexicana frente a la crisis internacional", em *Nueva Sociedad*, n. 220, mar.-abr. 2009, pp. 60–83.

MORENO-BRID, Juan C. & ROS, Jaime. "México: las reformas del mercado desde una perspectiva histórica", em *Revista de la Cepal*, n. 84, dez. 2004, pp. 35–58.

PALMA, Gabriel J. "The seven main stylized facts of the Mexican economy since trade liberalization and Nafta", em *Oxford University Press and Industrial and Corporate Change*, v. 14, n. 6, dez. 2005.

QUAL A DIFERENÇA ENTRE AS CRISES DE 1982, 1994 E 2008?

JOSEFINA MORALES

Durante a década de 1970, o México viveu o esgotamento do padrão de substituição de importações que, nas três décadas anteriores, registrara altas taxas de crescimento (média de 6% ao ano e aumento de 3% do PIB per capita). Havia sinais de uma crise de longo prazo do capitalismo em nível mundial, dando início a processos de recessão, inflação e desvalorização monetária (1974-1975). Os efeitos da crise levaram o governo a assinar a primeira carta de intenções com o FMI em 1977. O auge petroleiro e o aumento do endividamento externo para amenizar o crescente déficit público, em um momento de alta das taxas de juros internacionais e acentuada desvalorização da moeda, convergiram na crise da dívida de 1982.

A partir do descobrimento das jazidas de petróleo no sul do país, em 1977, impulsionou-se uma política exportadora em meio à ascensão dos preços internacionais, conjugada a um endividamento externo contratado inicialmente a taxas de 6% ao ano, mas que três anos depois saltou para 20%. A dívida pública externa saiu de vinte bilhões de dólares em 1976 para 66 bilhões de dólares em 1982, enquanto a dívida privada chegou a aproximadamente dezoito bilhões de dólares, dos quais um terço pertencia aos bancos. A queda dos preços internacionais do petróleo, de 35 dólares para vinte dólares por barril, e o aumento das taxas de juros internacionais, de 6% para 22% ao ano, agravaram o déficit público. Em 1983, o país foi à recessão e declarou moratória, apesar do alto crescimento do ano anterior.

Essa crise, originada por fatores financeiros internacionais, foi a primeira que caracterizou o comportamento econômico neoliberal, com precário crescimento e crises recorrentes sob a égide do FMI. Ela também foi marcada por uma dimensão estrutural de longo prazo que levou, a partir de 1976, a uma permanente desvalorização da moeda.

Depois dessa crise, que levou a Comissão Econômica para a América Latina e o Caribe (Cepal) da Organização das Nações Unidas (ONU) a intitular os anos 1980 como a "década perdida", os acordos com o FMI impulsionaram políticas de ajuste, privatização e reorientação da economia para o exterior por meio de abertura e diminuição das tarifas de importação. Tais políticas foram acompanhadas por um ferrenho controle salarial — os denominados "topes salariais" — que impôs aumentos de 10% aos salários *vis-à-vis* uma inflação de 30%, 40% e até 100%.

A CRISE DE 1994-1995

Entre 1988 e 1994, a política neoliberal cria as condições para a reprodução da dependência com a assinatura do Nafta, que entra em vigor em 1º de janeiro de 1994. Em 1988 registrou-se a primeira grande fraude eleitoral para a presidência da República. A partir dela, o governo encabeçado por Salinas de Gortari acelerou o processo de privatização e abertura que culminou na assinatura do acordo de livre-comércio. Realizaram-se mudanças na lei mineira e na lei de investimento externo, abrindo setores da economia ao capital estrangeiro;

privatizaram-se os bancos, estatizados na crise de 1982, entregues então a novos "pseudoempresários" que levariam o sistema bancário à falência em poucos anos.

O endividamento externo adquiriu uma nova modalidade especulativa. O governo emitiu os denominados *tesobonos*, papéis do Banco Central Mexicano com o valor indexado ao dólar, que deveriam ser cobertos em moeda estrangeira no curto prazo, atraindo investimentos do capital monopolista nacional e dos grandes fundos de pensão dos Estados Unidos, entre outros atores financeiros. A dívida emitida alcançou um montante de trinta bilhões de dólares.

Em 1994, ano de eleições e entrada em vigor do Nafta, apresentou-se de forma aguda a crise do regime político, que vivia um longo processo de decomposição. Em 1º de janeiro se levantou em armas o Exército Zapatista de Libertação Nacional (EZLN), em Chiapas; em março, foi assassinado o candidato presidencial do PRI e, em setembro, o secretário-geral do partido. Ainda que oficialmente o PRI tenha vencido as eleições, as reservas internacionais do Banco Central caíram e se acelerou a desvalorização do peso.

A crise eclodiu em dezembro, com a posse do novo governo, e se generalizou em 1995: houve queda de 6% do PIB e uma desvalorização que elevou o câmbio de três a nove pesos por dólar, tendo efeitos sobre a inflação, que alcançou 50%. Essa crise, novamente de caráter financeiro, tem como causa principal fatores internos — em particular, a política de endividamento interno, com títulos de curto prazo emitidos e pagos em dólares.

PRODUÇÃO INDUSTRIAL DO MÉXICO E DOS ESTADOS UNIDOS (1994–2016)

Variação anual percentual
do volume 2012 = 100

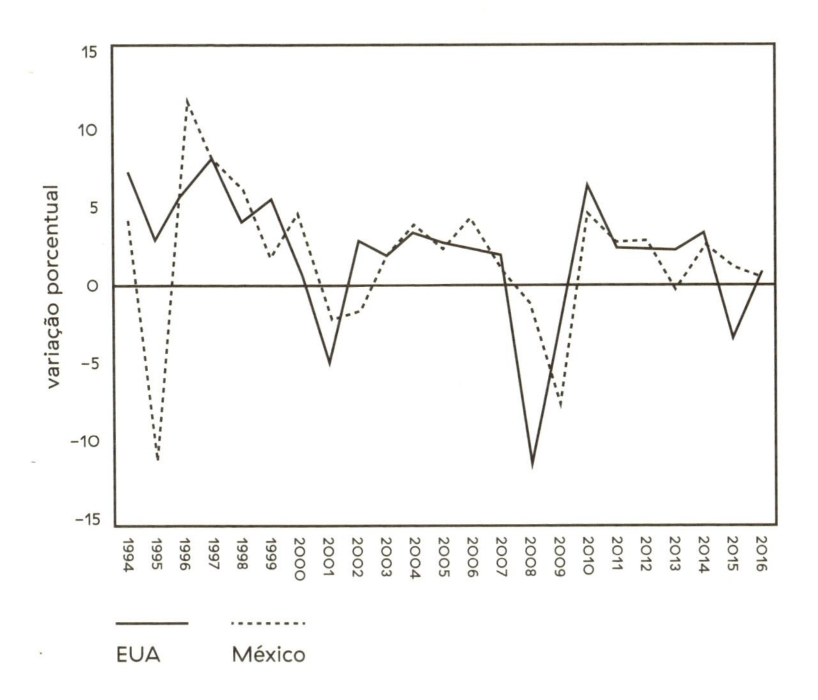

Fonte: Sistema de Cuentas Nacionales, Inegi, 2017; Government Publishing Office, USA, 2017.

A partir do Nafta, estreitou-se a sujeição neocolonial da economia mexicana à dos Estados Unidos, acentuando-se seu comportamento cíclico (ver gráfico 1, na página anterior). Depois do crescimento econômico e das exportações na segunda metade da década de 1990, em 2001 as empresas de tecnologia da informação nos Estados Unidos entraram em severa crise. Se, do lado de lá da fronteira, tratou-se de um episódio ligado à especulação das chamadas "empresas ponto com", no México o episódio teve um grave efeito sobre o setor produtivo que se prolongou por três anos, resultando em recessão, estagnação e um acentuado impacto na indústria *maquiladora*, que naquele momento empregava 1,3 milhão de trabalhadores.

A GRANDE CRISE DE 2008-2009 EM CURSO

A crise que se iniciou no setor imobiliário dos Estados Unidos no último semestre de 2007 e se converteu em uma grave recessão mundial em 2009 ocorreu em meio a grandes mudanças na economia internacional. A China entrou na Organização Mundial do Comércio (OMC) e se converteu não apenas no maior exportador, mas também na segunda economia global. Esse avanço formidável das forças produtivas chinesas despertou uma competição intermonopolista e interimperialista, que se manifestaria com clareza na guerra comercial declarada a Pequim por Donald Trump.

Essa crise recente do capitalismo global teve início no setor financeiro e alcançou doses incalculáveis de especulação fraudulenta. No entanto, abarcou todos os âmbitos da economia, do setor produtivo real ao de serviços, já que atualmente o capital se transformou em um capital financeirizado.

No México, novamente, essa crise provocou profunda recessão, com queda de 6% do PIB, enquanto outros países da América Latina sofreram menor impacto em função do alto preço das matérias-primas. O capital enfrenta essa crise com uma renovada ofensiva contra o trabalho, provocando o ressurgimento do neofascismo e o fortalecimento de ideologias reacionárias, xenófobas, racistas e machistas.

O SALDO NEOLIBERAL

Em outros trabalhos apresentamos o saldo das políticas neoliberais e do Nafta na formação do capitalismo neocolonial, exemplificado no peso do capital estrangeiro que domina bancos, estradas, mineração, indústria básica e, nos últimos anos, o setor energético. O México perdeu a autossuficiência alimentar e energética e, em termos gerais, a soberania nacional. Os governos dos últimos sexênios[3] seguiram à risca os ditados do Nafta, acompanhados de medidas de segurança nacional subordinadas aos Estados Unidos, como a Iniciativa Mérida.[4] A guerra contra o narcotráfico deixou ao país uma tragédia sem precedentes: duzentos mil assassinatos, quarenta mil desaparecidos e quinhentas mil pessoas deslocadas.

Em meio a essa crise multidimensional (econômica, social, política, ambiental, de direitos humanos, de justiça etc.), realizaram-se eleições em julho de 2018. O triunfo arrasador de

3 Período de seis anos que compreende o mandato presidencial no México. [N.E.]

4 A Iniciativa Mérida — também conhecida como Plan Mérida ou Plan México — é um tratado internacional estabelecido entre Estados Unidos, México e países da América Central com o objetivo oficial de combater o narcotráfico e o crime organizado. Foi assinada em 2008, quando estavam à frente de seus respectivos governos George W. Bush, nos Estados Unidos, e Felipe Calderón, no México. [N.E.]

Andrés Manuel López Obrador assentou um golpe formidável ao caduco regime político; seu partido e aliados obtiveram a maioria da Câmara dos Deputados e do Senado, a maioria dos legislativos estaduais e dos governadores. Esse triunfo abriu caminho para enfrentar a grave decomposição institucional e criar condições para retomar o crescimento com justiça e igualdade; com ele, ao mesmo tempo, se inaugurou uma nova etapa da luta de classes no país.

REFERÊNCIAS BIBLIOGRÁFICAS

BANCO DE MÉXICO. Sistema de Información Económica. Disponível em: <http://www.banxico.org.mx>. Acesso em 24 jun. 2019.

INEGI. Disponível em: <https://www.inegi.org.mx/default.html>. Acesso em: 24 jun. 2019.

WORLD BANK. México. Disponível em: <https://www.worldbank.org/en/country/mexico>. Acesso em: 24 jun. 2019.

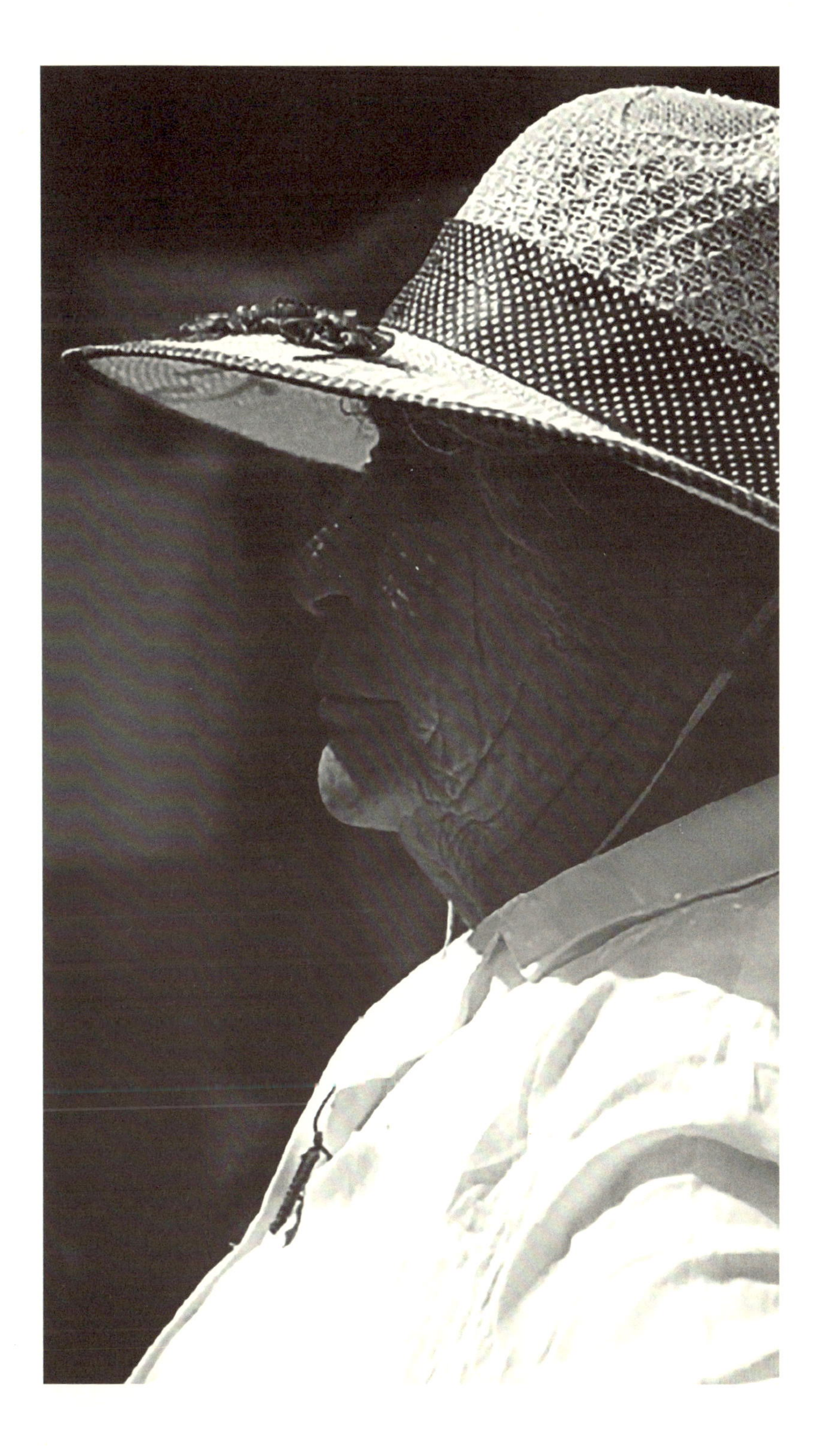

POR QUE O MÉXICO NÃO ENTROU NA ONDA PROGRESSISTA?

PATRÍCIA DA SILVA SANTOS
SOFIA DRAGAN
EDUARDA CAPOVILA GOMES
GIOVANE GOMES DIAS
FABIO LUIS BARBOSA DOS SANTOS

Andrés Manuel López Obrador deu uma resposta a essa questão em seu discurso de posse: porque houve fraude. Em 2006, o atual presidente perdeu a eleição por uma diferença ínfima de votos. Considerando a escandalosa fraude nas eleições de 1988 e o histórico de irregularidades que marcou a dominação do PRI na política nacional, a acusação é pertinente.

No entanto, essa resposta enseja uma segunda pergunta: se em 1988 e em 2006 candidatos progressistas foram barrados pela fraude, por que isso não aconteceu em 2018? É certo que López Obrador teve uma alta votação, o que exigiria uma manipulação de grande magnitude. Mas, por baixo da superfície dos votos, é legítimo indagar o que mudou entre 1988 e 2018. Para isso, é preciso levar em conta a dimensão estrutural dos dilemas mexicanos, o que remete à crise do sistema político que se afirmou após a revolução.

A CRISE DO PRI

Segundo a leitura de Gilly e Roux (1996), a Revolução Mexicana terminou em uma espécie de empate: entre a demanda zapatista de soberania popular e o projeto de mercantilização irrestrita do campo, prevaleceu uma saída mediada pelo Estado, plasmada na figura constitucional do *ejido* — a propriedade comunal da terra.

O modo como se encaminhou a questão agrária foi uma das dimensões do pacto que fundou o Estado pós-revolucionário. Em linhas gerais, esse pacto implicou a cessão de direitos políticos por parte dos cidadãos, resignados com a dominação do Partido Revolucionário Institucional — que monopolizou a política até o final do século XX. Por outro lado, o Estado e o partido que o comandava comprometeram-se com uma agenda de direitos sociais (terra, trabalho, saúde, educação, moradia) afiançada pelo caráter público das riquezas naturais. Em síntese, os cidadãos desse Estado que emergiu da revolução não elegeriam quem os governaria, mas velariam para que os eleitos cumprissem com o pactuado.

Esse arranjo foi aprofundado com a reforma agrária e a nacionalização do petróleo sob Cárdenas (1934-1940); e prosperou nos anos de crescimento econômico após a Segunda Guerra Mundial, nos marcos do chamado "desenvolvimento estabilizador". Entretanto, o massacre estudantil de Tlatelolco, em 1968, prenunciou uma crise desse padrão de dominação, aguçada pelas guerrilhas que proliferaram nos anos seguintes. No plano econômico, os impasses da industrialização substitutiva se explicitaram nos anos 1970 e, no decênio posterior, o país enfrentou uma profunda crise.

A resposta da classe dominante a esses dilemas foi intensificar os laços com os Estados Unidos e aprofundar a mercantilização das relações sociais, em sintonia com o ideário neoliberal. No entanto, esse movimento contradizia o pacto fundador que lastreava a dominação priísta e gerou reações: a primeira delas foi a dissidência cardenista em 1988.

A FRAUDE EM 1988

Às vésperas das eleições presidenciais de 1988, vislumbrava-se no país uma alta efervescência política nos marcos de uma deterioração econômica. A crise iniciada em 1982 afetou o balanço de pagamentos, pois reduziram-se as receitas externas. Ao mesmo tempo, a dívida externa aumentava sua participação no PIB, e o país enfrentava uma forte inflação e desvalorização da moeda. Entre janeiro e setembro de 1982, o câmbio passou de 26,4 pesos para setenta pesos por dólar — uma desvalorização de 165%. A resposta do governo foi adotar a agenda do ajuste estrutural identificada com o neoliberalismo, levando ao agravamento de problemas sociais. Tais acontecimentos serviram de palco para o processo de insurreição eleitoral e social que se instaurava no país.

As eleições de 1988 foram caracterizadas por uma forte crise interna no PRI, explícita na seleção do candidato que representaria o partido. De um lado estava Carlos Salinas de Gortari, então secretário de Planejamento e Orçamento do presidente Miguel de La Madrid; do outro, Cuauhtémoc Cárdenas, filho do ex-presidente desenvolvimentista Lázaro Cárdenas, responsável pela reforma agrária e pela estatização do petróleo. Tal disputa refletia uma divergência no que tange ao projeto de país, no qual a visão mais progressista, social e nacionalista era incorporada por Cárdenas, enquanto o projeto neoliberal tinha a liderança de Gortari.

O conflito chegou ao auge quando Cárdenas deixou o PRI e candidatou-se pela coalizão de centro-esquerda Frente Democrático Nacional (FDN), o que representou um espinho para o regime, sobretudo no contexto de descontentamento em que se realizavam as eleições. Certamente, o PRI enfrentava o maior desafio eleitoral de sua história, que abalou as bases da estabilidade da sua dominação.

Além dos conflitos durante o processo eleitoral, a apuração levantou suspeitas. O resultado que conduziu Salinas de Gortari à presidência foi apresentado à população após uma "falha" nos computadores que contabilizavam os votos. Cárdenas até então liderava a disputa, mas, quando voltaram a operar, os computadores apontaram a vitória do rival. Com a justificativa de que "*se cayó el sistema*" [caiu o sistema], a fraude evidenciou que se disputava não apenas o Executivo, mas também o destino do país. "*Se cayó el sistema*" não representou apenas uma interrupção na apuração dos votos, mas um declínio do regime político dominante no México. A legitimidade do sistema comandado pelo PRI estava comprometida. Aos olhos dos de cima, era preciso estabelecer um novo padrão de dominação — transição que deveria ser feita de modo gradual.

"PRIAN": A ALTERNÂNCIA CONTROLADA

Com a posse de Salinas, o projeto neoliberal se acelerou. Ao mesmo tempo que se comprometia com a recuperação econômica, o novo governo tinha como desafio recuperar legitimidade perante a sociedade. No âmbito social, apresentou um ambicioso programa para reativar a ajuda a setores populares de acordo com um esquema de promoção social. Criou o Programa Nacional de Solidariedade (Pronasol), com o objetivo de atender aos cidadãos de regiões pobres, onde, inclusive, concentrou-se o maior número de votos de oposição.

No âmbito econômico, a implementação da agenda neoliberal resultou na diminuição dos níveis de inflação nos primeiros anos de governo; na renegociação da dívida externa; na retomada do crescimento; e na atração de capital nacional e estrangeiro. A confiança perdida entre os setores produtivos foi reconquistada gradualmente, dando abertura para a consolidação de um projeto de desenvolvimento alternativo para o país, culminando na negociação do Nafta.

Contudo, para assegurar esse projeto, o governo deveria modificar o padrão de dominação vigente, evitando cometer novamente o erro das eleições de 1988. Para tanto, buscou como alternativa a aliança política, incorporando o Partido de Ação Nacional (PAN) dentro de uma lógica de cooperação com o governo, enquanto isolava do cenário o Partido da Revolução Democrática (PRD), criado a partir da fusão entre a esquerda e os que romperam com o PRI.

Essa aliança proporcionou ao governo maior estabilidade. No entanto, nas eleições de 1994, o regime teve de enfrentar uma nova radicalização da oposição, com mobilizações sociais que abalaram o sistema político. O maior desafio foi o levante camponês e indígena encabeçado pelo EZLN no estado de Chiapas, que colocou em dúvida o projeto econômico e social do governo. Nunca havia existido uma zona de conflito dominada por um exército insurgente com ampla aceitação popular.

Nesse cenário, a vitória de Ernesto Zedillo, do PRI, com apoio de 50,18% da população, foi fundamental para a manutenção do projeto neoliberal que estava em curso. Muitos depositaram em Zedillo a esperança de um governo que contivesse a crescente violência. Além disso, o otimismo no país diante do Nafta, que entraria em vigor em 1994, deu respaldo ao novo governo. A nova gestão, defensora de um México mais "aberto", implementou o tratado responsável por diversas mudanças estruturais na sociedade mexicana.

No plano político, a aliança com o PAN, configurando o chamado "PRIAN", foi fundamental para a manutenção desse projeto. Assim, nas eleições de 2000 houve a primeira alternância política desde 1929, com a eleição do panista Vicente Fox. Embora alguns tenham enxergado uma transição democrática, operou-se uma mudança controlada, nos marcos do "PRIAN". Esse padrão de dominação voltou a ser contestado nos anos seguintes, quando foi confrontado com um novo desafio: o progressismo na América Latina.

AS ELEIÇÕES DE 2006 E 2012

Assim como em 1988, sobre as eleições de 2006 pesa o fantasma da manipulação, ainda que se conceda um caráter menos escancarado à fraude. O candidato Andrés Manuel López Obrador, que, na época, concorria pelo PRD, foi derrotado por uma diferença de 0,57%, desencadeando uma série de acusações sobre a adulteração dos resultados. A imprensa publicava diariamente fotos de atas eleitorais e cédulas jogadas no lixo, além de problemas nas atas, que desconsideravam cerca de três milhões de votos da apuração do Programa de Resultados Eleitorais Preliminares, resultando em contagens desconexas. Apesar de forte pressão para anular as eleições, Felipe Calderón, candidato pelo PAN, assumiu o governo. Se Salinas Gortari recorreu ao Pronasol e à aliança com o PAN para se legitimar no poder após o pleito de 1988, Calderón pautou sua gestão pela "guerra às drogas", que será analisada em outros capítulos.

Esse desenlace enseja uma discussão acerca dos motivos que impuseram a deturpação dos resultados eleitorais, perpetuando um governo conservador. Para tal, deve ser levado em conta o contexto em que o México estava inserido: a onda progressista na América Latina a partir dos anos 2000.

O Brasil de Lula, a Argentina de Néstor Kirchner, a Bolívia de Evo Morales e a Venezuela de Hugo Chávez adotaram ideias reformistas que destoavam da direita instalada no poder mexicano. Dessa forma, a hegemonia do conservadorismo se viu ameaçada diante de um cenário em que o candidato de esquerda, López Obrador — à época, defendendo propostas mais radicais do que defenderia nas eleições de 2018 —, poderia ganhar. Certos posicionamentos preservados durante décadas pelos governos do "PRIAN", como o alinhamento aos Estados Unidos, corriam o risco de ser questionados. Portanto, é possível cogitar que uma intervenção se fez necessária, uma vez que surgia a possibilidade de aproximação do candidato da oposição aos demais presidentes latino-americanos, em detrimento dos laços com a grande potência vizinha.

Em 2012, o PRI retomou o poder elegendo Enrique Peña Nieto com um discurso de renovação e rejuvenescimento do partido. Contudo, as promessas não se efetivaram. O governo se mostrou incapaz de lidar com os problemas do país: o baixo crescimento econômico, o narcotráfico, a corrupção e a insegurança, como revela a chacina de Ayotzinapa.[5] Acentuou-se, portanto, o esgotamento do degradado "PRIAN" ante a população, abrindo espaço para a alternância política, efetivada nas eleições seguintes.

5 Episódio em que 43 estudantes da Escola Normal Rural Raúl Isidro Burgos, na localidade de Ayotzinapa, desapareceram na cidade de Iguala, no estado de Guerrero, em 26 de setembro de 2014, quando se dirigiam a um prostesto. Para mais informações, ver capítulo "O que aconteceu com os 43 estudantes desaparecidos de Ayotzinapa?", neste livro. [N.E.]

A VITÓRIA DE LÓPEZ OBRADOR

Derrotado em 2006 e em 2012, López Obrador concorreu novamente às eleições em 2018, adotando mais uma vez um discurso antineoliberal, embora mais moderado se comparado às disputas anteriores. Apostou nos temas de maior evidência na vida dos mexicanos: corrupção, impunidade, violência, imigração, relação com os Estados Unidos e desemprego. Dessa vez, ganhou com ampla margem, deixando à mostra o desgaste do "PRIAN". López Obrador teve 53% dos votos, contra 22% de Ricardo Anaya (PAN) e 15,7% de José Antonio Meade (PRI). López Obrador candidatou-se pelo Movimento Regeneração Nacional (Morena), oferecendo ao povo mexicano uma alternativa, pois tratava-se de uma legenda que nunca ocupara o poder, diferentemente do PRI e do PAN. Além da presidência, o Morena elegeu maioria no Congresso e foi vitorioso em todos os estados da federação, exceto em Guanajuato.

A grande vantagem de votos mostra que o caminho da fraude não foi possível — mas também se pode questionar se seria necessário. Em um contexto posterior à onda progressista, no qual os governos com orientação política à esquerda foram substituídos por uma nova leva de governos conservadores na América do Sul, López Obrador está isolado regionalmente. Ainda que quisesse projetar a política externa para os países latino-americanos, não teria grandes chances de aliar-se com os vizinhos, algo que, uma década antes, seria possível e traria preocupação.

Por outro lado, a relação entre México e Estados Unidos também serviu de combustível para a vitória de López Obrador. O povo mexicano já não aceitava o tom conciliatório de Enrique Peña Nieto, principalmente no que concerne à renegociação do Nafta, aos insultos aos imigrantes mexicanos e ao financiamento para a construção do muro na fronteira, e desejava um representante que adotasse postura mais firme. López Obrador, embora não conteste frontalmente os Estados Unidos, foi identificado com uma atitude distinta. Um exemplo é a questão migratória: em contraposição ao muro de Donald Trump, López Obrador aposta na geração de empregos e no investimento em infraestrutura para o desenvolvimento econômico.

Sob outra ótica, um presidente mexicano menos submisso, mas que não conteste os Estados Unidos, favorece a retórica polarizadora de Trump sem pôr em risco as bases dessa relação. Portanto, ao contrário do que se pode imaginar, o chefe da Casa Branca não se opôs à candidatura de Obrador.

CONCLUSÃO

Com o resultado positivo alcançado nas últimas eleições, pode-se constatar que López Obrador tem espaço para governar: é o presidente mais votado da história, além de ter maioria no Senado e na Câmara dos Deputados. O anseio popular por mudança pode ofertar-lhe maior respaldo para implementar suas ideias.

Entretanto, vista sob o prisma da crise mexicana, cabe uma reflexão: pode ser que a fraude tenha sido impossível, mas também pode ter se tornado desnecessária. Por baixo desta questão, o que se discute é o significado da eleição de López Obrador: afinal, trata-se de uma vitória da esquerda ou de uma alternativa para gerir a crise mexicana que se impõe diante do esgotamento do "PRIAN"?

Para responder a essa questão, faremos, nos capítulos seguintes, uma radiografia dos desafios enfrentados por qualquer projeto de mudança que surja no país.

REFERÊNCIAS BIBLIOGRÁFICAS

BANCO DE MÉXICO. Sistema de Información Económica. Disponível em: <http://www.banxico.org.mx>. Acesso em: 11 jun. 2019.

INSTITUTO NACIONAL ELECTORAL. Disponível em: <https://www.ine.mx>. Acesso em: 11 jun. 2019.

ROUX, Rhina & GILLY, Adolfo. "La crisis estatal prolongada", em GILLY, Adolfo. *México: el poder, el dinero y la sangre*. México: Aguilar, 1996.

PARTE II
RADIOGRAFIA

É POSSÍVEL PARA O MÉXICO ROMPER RELAÇÕES COM OS ESTADOS UNIDOS?

MARCELA FRANZONI
LAIS DRUMOND BRANDÃO

Apesar de o México ser comumente comparado ao Brasil por os dois serem os países com maiores população, território e capacidade econômica da América Latina, há especificidades que precisam ser consideradas. A proximidade geográfica entre o México e os Estados Unidos condiciona a estratégia de desenvolvimento e a política externa do primeiro. Basta recordar que o México perdeu quase metade do território para o vizinho na Guerra Mexicano-Americana (1846-1848). Além disso, o país possui uma dependência econômica histórica com relação aos Estados Unidos, institucionalizada pelo Nafta. A associação econômica e a extensa fronteira criam uma agenda comum entre os dois países, obrigando o governo mexicano a estar em permanente negociação com o vizinho, em um contexto de notável assimetria.

Em 2017, o México exportou 79% de seus produtos para os Estados Unidos e importou 46% (México, Secretaría de Economía, 2019a). Do total recebido em investimento externo direto em 2018, 38,8% eram provenientes do vizinho (México,

Secretaría de Economía, 2019b). Naquele mesmo ano, o México recebeu aproximadamente 33 bilhões de dólares em remessas do exterior, o que corresponde à segunda maior fonte de divisas do governo, depois da exportação de bens (Banco de México, 2019). Esse dado é fundamental, pois indica a importância dos mexicanos que vivem nos Estados Unidos para a economia do país natal, que não oferece emprego suficiente para o grande contingente de cidadãos que emigram. Estima-se que, em 2015, viviam nos Estados Unidos mais de 35 milhões de pessoas de origem mexicana — a maior comunidade de estrangeiros do país (Pew Research Center, 2017).

Dada a clara dependência econômica do México em relação aos Estados Unidos, é difícil pensar na possibilidade de que o país rompa a associação com o vizinho do norte com o objetivo de obter maior autonomia no sistema internacional. Os principais temas de política doméstica do México (segurança, economia e migração) também são relevantes para os Estados Unidos, ainda que em graus distintos. O governo de López Obrador dá sinais de que aproveitará tais vínculos para obter concessões e viabilizar a agenda interna, em grande parte concentrada nesses temas. Apesar de ter anunciado que, com sua eleição, o México estaria dando início à "quarta transformação",[6] o presidente deu pouco destaque à relação com a América Latina e o Caribe, que poderiam ser um contrapeso à dependência em relação aos Estados Unidos. Além disso, o novo governo participou do processo de modernização do Nafta, o que indica o compromisso com a estratégia de desenvolvimento econômico redefinida nos anos 1980. As novas medidas acordadas e o

6 Ao falar sobre a "quarta transformação", López Obrador se refere a outros três momentos da história mexicana: a independência da Espanha, entre 1810 e 1821; as reformas liberais, entre 1858 e 1861, protagonizadas por Benito Juárez; e a Revolução Mexicana, entre 1910 e 1917. [N.E.]

Decreto de Estímulos Fiscais da Região Fronteiriça Norte reforçam o mercado regional da América do Norte e diminuem as possibilidades de diversificação das relações econômicas internacionais.

Por esse decreto, que entrou em vigor no início do novo mandato, os salários mínimos nos municípios de fronteira dobraram, o Imposto sobre a Renda (ISR) baixou 20% e o Imposto sobre Valor Agregado (IVA) caiu de 16% para 8%. O objetivo do governo é estimular a economia e trazer investimentos para as indústrias de manufaturados. É também uma forma de aproximar os salários pagos nos Estados Unidos e no Canadá aos do México, ainda que isso esteja longe de ocorrer de fato. O salário pago por hora no setor manufatureiro do país é de dois dólares, enquanto nos Estados Unidos e no Canadá é de 21 e dezenove, respectivamente (Trading Economics, 2019).

A medida também busca atender às diretrizes do novo Nafta, o T-MEC, na sigla em espanhol (Tratado entre México, Estados Unidos y Canadá), ou USMCA, em inglês (United States-Mexico-Canada Agreement). Segundo as regras do setor automotivo, de 40% a 45% dos veículos devem ser fabricados por trabalhadores que ganhem ao menos dezesseis dólares por hora, o que inviabiliza parte da produção no México. Essa é uma demanda antiga dos sindicatos norte-americanos, que argumentam que os baixos salários mexicanos depreciam a remuneração nos Estados Unidos. Em contraparte, esse convênio reforçou o mercado de automóveis da América do Norte ao aumentar de 62,5% para 75% a obrigação de uso de conteúdo regional para ter direito à exportação sem taxas. É também importante destacar que o novo acordo dificulta o estabelecimento de tratados comerciais com países que não sejam considerados economias de mercado, o qual deve ser aprovado pelos sócios. Na prática, torna-se mais difícil a possibilidade de um acordo entre o México e a China, que, em 2017, representou 17,6% das importações e 1,6% das exportações mexicanas (México, Secretaría de Economía, 2019a).

Os dados evidenciam que, no curto prazo, o México não possui alternativa à relação com os Estados Unidos. Ainda que o discurso de López Obrador acene para transformações estruturais, as evidências indicam que a relação com o vizinho do norte será utilizada como uma forma de viabilizar a agenda interna. Um rompimento com Washington em busca de maior autonomia implicaria alteração substantiva nos processos de tomada de decisão dentro do México, limitando a atuação de grupos transnacionais que defendem a manutenção do *status quo*. Essa redefinição da estratégia de desenvolvimento não poderia ser feita no curto prazo, já que envolve a reorganização da estrutura produtiva e das relações de trabalho, além da abertura de novos mercados.

Em suma, o novo governo, mesmo identificado com a centro-esquerda, avalia que um eventual rompimento com os Estados Unidos seria excessivamente oneroso para a economia mexicana. Por isso, não compactua com essa posição — que tampouco possui amplo amparo popular. López Obrador sinalizou que seguirá apostando nas negociações bilaterais como principal forma de atingir os objetivos de política interna e externa, utilizando os fortes vínculos entre os dois países em algumas áreas-chave (comércio e migração, por exemplo) para obter concessões.

Nesse sentido, López Obrador se distingue relativamente dos partidos de centro-esquerda que governaram a América Latina durante a primeira década do século XXI, os quais procuraram incrementar — embora com limitações — a cooperação regional como alternativa à influência dos Estados Unidos, manifesta em estruturas como a União de Nações Sul-Americanas (Unasul).

REFERÊNCIAS BIBLIOGRÁFICAS

BANCO DE MÉXICO. "Balanza de pagos". Disponível em: <http://www.banxico.org.mx/SieInternet/consultarDirectorioInternetAction.do?sector=1&accion=consultarCuadroAnalitico&idCuadro=CA410&locale=es>. Acesso em: 10 abr. 2019.

MÉXICO. SECRETARÍA DE ECONOMÍA. "Comercio Exterior: Información Estadística y Arancelaria". 2019a. Disponível em: <https://www.gob.mx/se/acciones-y-programas/comercio-exterior-informacion-estadistica-y-arancelaria?state=published>. Acesso em: 6 fev. 2019.

_______. "Competitividad y Normatividad: Inversión Extranjera Directa". 2019b. Disponível em: <https://www.gob.mx/se/acciones-y-programas/competitividad-y-normatividad-inversion-extranjera-directa?state=published>. Acesso em: 13 set. 2019.

PEW RESEARCH CENTER. "Facts on U.S. Latinos, 2015–2017". Disponível em: <http://www.pewhispanic.org/2017/09/18/facts-on-u-s-latinos-current-data/>. Acesso em: 24 jun. 2019.

TRADING ECONOMICS. "Mexico Nominal Hourly Wages in Manufacturing". Disponível em: <https://tradingeconomics.com/mexico/wages-in-manufacturing>. Acesso em: 10 br. 2019.

SE BUSCA EMPLEADA
PARA EL DOMINGO
Y CUBRETURNOS
Informe aqui

EMPLEADA CUBRE
TURNOS. QUE SEPA
HABLAR INGLES,
MINIMO DE
CONVERSACION PARA
TAREAS DE RECEPCION
Y SIN MIEDO TAMBIEN
PARA TAREAS DE LIMPIEZA.
PAGAMOS 250 pesos POR TURNO
MAS BONOS POR BUENA
OCUPACIÓN. FAVOR DE
TRAER SOLICITUD
DEBIDAMENTE REQUISITADA

QUAL A SITUAÇÃO DO MUNDO DO TRABALHO?

MATHEUS MONTE ESCOBET
RAFAEL TEIXEIRA LIMA
RICHARD SALES

A crise global do modo de produção capitalista repercutiu nos países latino-americanos com o esgotamento do modelo de industrialização por substituição de importações, em meados dos anos 1970. Essa crise trouxe como imperativo a reestruturação produtiva do capitalismo, o que, na maioria das nações da região, desencadeou um processo de reprimarização da pauta produtiva e acelerada desindustrialização, em articulação com uma agenda neoliberal de ajuste estrutural que pregava o equilíbrio monetário e fiscal e um redimensionamento das atribuições do Estado.

No caso do México, a crise do regime de acumulação, que interrompeu um período de mais de trinta anos de crescimento elevado, associada a uma crise política marcada pelo esgotamento do regime de partido único, provocou a reestruturação das relações econômicas, políticas e sociais.

Ao contrário de outros países da região, a reconfiguração econômica proposta como saída para a crise mexicana não teve como ponto principal a retomada de um modelo baseado na exportação de produtos primários. Adotou-se um sistema de exportação de manufaturados, simbolizado pela generalização das chamadas indústrias *maquiladoras* e estimulado por uma onda de reformas estruturais "modernizantes" de liberalização, abertura comercial, desregulamentação e privatizações, ocorridas a partir da década de 1980. Atualmente, apesar de ter perdido participação no PIB e de empregar menos que em períodos anteriores, a indústria ainda representa mais de 80% das exportações (De la Garza, 2018).

Esse modelo foi desenhado a partir da experiência já vivenciada pelo Sudeste Asiático, que vislumbrou a liberalização a fim de atrair investimentos estrangeiros, a dinamização do mercado interno e o aumento da produtividade, condicionando sua competitividade à oferta de força de trabalho barata e à proximidade com o mercado estadunidense. Entretanto, o resultado não se traduziu em estabilidade e crescimento econômico, revelando-se destrutivo para as relações de trabalho e o tecido social.

A inserção mexicana baseada na compressão dos níveis salariais como "vantagem comparativa", em um contexto em que o salário mínimo é cerca de 10% do praticado nos Estados Unidos, agravou a precarização do trabalho sob a forma de subemprego, terceirização, aumento dos níveis de informalidade e rotatividade, além de dessindicalização. A precarização foi reforçada ainda pela alteração dos marcos legais da legislação laboral, que culminou na reforma trabalhista do presidente Enrique Peña Nieto em 2012 — vendida como solução para a retomada do crescimento econômico e para a elevação da produtividade por meio de um pacote de medidas flexibilizantes que incluiu a facilitação da contratação e da demissão, a legalização da subcontratação e o pagamento por hora. Além de não terem gerado a quantidade de empregos prometida, tais medidas colocam em pauta a qualidade dos postos de trabalho que foram criados: no sexênio de Peña Nieto, a fração dos trabalhadores que ganham entre três e cinco salários mínimos caiu 9,6%, enquanto a dos que recebem mais do que cinco salários mínimos encolheu 30,6% (Sotelo Valencia, 2017).

É esse panorama que buscamos apresentar, salientando pontos representativos da situação do trabalho no México: a indústria *maquiladora*, o processo de dessindicalização, a reforma trabalhista de Enrique Peña Nieto e as perspectivas para o governo de Andrés Manuel López Obrador.

AS INDÚSTRIAS *MAQUILADORAS* NO MÉXICO

As *maquiladoras* surgiram em 1965 com o Programa de Industrialização Fronteiriça entre o México e os Estados Unidos. O principal objetivo era reter parte da força de trabalho mexicana que, desde o fim da Segunda Guerra Mundial, trabalhava no vizinho do norte. As *maquiladoras* se distinguem da indústria anteriormente voltada à substituição de importações, uma vez que a produção é mais segmentada e tem como destino os mercados internacionais. Outro aspecto relevante se refere à incorporação das mulheres mexicanas ao trabalho — nas duas primeiras décadas, elas representavam 70% da força de trabalho entre vinte e 25 anos de idade nesse segmento (Morales, 2015).

Morales (2015) divide a trajetória das *maquiladoras* em três períodos: de 1965 a 1981, instalação e consolidação; de 1982 a 1993, modernização e desenvolvimento, com o surgimento da indústria de autopeças e a incorporação massiva de força de trabalho masculina; e, por fim, o período de 1994 até os dias atuais, sob os auspícios do Nafta, de formalização e consolidação do padrão *maquilador* industrial.

A consolidação das *maquiladoras*, sobretudo a partir da década de 1980, ocorre em consonância com o reordenamento do capitalismo internacional, que vê no México a possibilidade de flexibilização de contratos empregatícios e de superexploração da força de trabalho local, sob o argumento de geração de empregos, estreita vinculação com o mercado internacional e altos níveis de produtividade. Na prática, constitui-se um regime de *exceção laboral* por não reproduzir os problemas trabalhistas que as indústrias tradicionais teriam.

Não obstante a expansão dessa modalidade industrial em diversos ramos, como no de confecções (setenta localidades monoprodutoras, chegando a trezentos mil trabalhadores), autopeças (as transnacionais GM, Ford, Chrysler, Nissan, Volkswagen) e eletrônicos (49 grandes empresas, como as transnacionais Delphi, Yazaki North America, Delco Eletronics), o setor industrial apresenta baixa produtividade e baixa capacidade de dinamização de outros setores nacionais, uma vez que há alta participação de insumos importados nos processos produtivos.

De fato, representa a submissão do Estado mexicano, que muitas vezes oferece as melhores condições para que essas empresas se instalem no país. Entre as vantagens estão isenções tributárias, flexibilidade nas relações trabalhistas e o controle da atuação das grandes centrais sindicais, como a Confederação de Trabalhadores do México (CTM), a Confederação Revolucionária de Operários e Camponeses (CROC) e a Confederação Regional Operária Mexicana (CROM).

Outro fator relevante é o fortalecimento da China e dos países do Sudeste Asiático como fortes concorrentes para as *maquiladoras* mexicanas. Nesse contexto, presidentes neoliberais que governaram o país nos últimos anos reafirmaram que os baixos salários significam competitividade internacional para o país. Como consequência, o México é o único país do G-20 que apresentou queda no salário médio real entre 2006 e 2015, muito abaixo da China, da Índia ou do próprio Brasil.

DESSINDICALIZAÇÃO E SEU IMPACTO NAS RELAÇÕES DE TRABALHO

As primeiras iniciativas da vida sindical mexicana datam de 1870, com a Associação de Artesãos e Trabalhadores de Fios e Tecidos (1872) e a Confederação de Associações de Trabalhadores dos Estados Unidos Mexicanos (1876). Com a revolução de 1910 e a criação do Departamento do Trabalho, em 1912, os sindicatos são fortalecidos, com o posterior surgimento da CROM, em 1918, e da CTM, em 1936, com o propósito de unificar os trabalhadores em defesa do direito de greve, associação sindical, reunião e manifestação pública, e da redução da jornada laboral (Rubio Campos, 2017). Nessa mesma década surge, em contraposição à CTM, o *sindicalismo blanco*, pouco combativo e com lideranças que reproduziam o discurso patronal, enfatizando a colaboração e rechaçando a confrontação entre trabalhadores e patrões.

Dessa forma, foi-se construindo o sindicalismo mexicano, dentro de uma lógica corporativista entre o Estado e os sindicatos tradicionais, os quais não podem ser entendidos de forma autônoma, mas sim em conjunto com as relações estatais e partidárias. Para exemplificar, a fundação do Congresso do Trabalho, em 1966, foi fundamental para a manutenção do pacto que garantiu o poder presidencial do PRI até 2000.

Apesar disso, os trabalhadores mexicanos sindicalizados têm melhores salários, um regime de contratação menos frágil, mais acesso a serviços de saúde, entre outros benefícios, o que ressalta a relação entre dessindicalização e precarização trabalhista — processo que se intensificou nos governos de Carlos Salinas de Gortari (1988-1994) e de Ernesto Zedillo (1994-2000). Durante o sexênio de Zedillo, o número de greves reduziu-se de 116, em 1994, para apenas 26, em 2000. No período entre 1987 e 2013, houve uma redução drástica no número de paralisações, de 174 para apenas dezoito (Rubio Campos, 2017, p. 58), chegando a ser ainda mais preocupante a ausência de greves a partir de 2014 e a queda acentuada de demandas coletivas registradas (De la Garza, 2018, p. 175).

Alguns dos estados do norte do México, que possuem maior concentração de *maquiladoras*, também figuram entre os cinco estados de menor taxa de filiação sindical no país, como são os casos de Chihuahua, com 10,1%, e Baja California, com 8,5% (Rubio Campos, 2017, pp. 53-5), que em 2014 ostentava a menor taxa entre todos os estados mexicanos. A baixa sindicalização nos estados que possuem grande atividade *maquiladora*, na qual predomina em diversos ramos a força de trabalho feminina, amplia as desigualdades de gênero em termos de salários e direitos, uma vez que, de acordo com o estudo de Jesús Rubio Campos (2017), as mulheres têm a situação mais precária entre os não sindicalizados, e a menos precária entre os sindicalizados.

A REFORMA TRABALHISTA DE PEÑA NIETO

A reforma trabalhista proposta pelo governo de Enrique Peña Nieto (2012-2018) é expressão concreta da narrativa "modernizadora" das relações de trabalho, que coloca em pauta a necessidade de flexibilização das relações entre capital e trabalho e do modo de organização dos trabalhadores — escreva-se: individualização — como pontos centrais para a dinamização do mercado de trabalho e o impulsionamento da produtividade. Produtividade que, segundo Peña Nieto, constituía o principal entrave para a retomada do crescimento econômico, estancado nas últimas décadas.

Estabelece-se o seguinte diagnóstico: o crescimento depende da elevação da produtividade do trabalho, a qual, por sua vez, só seria possível pelo aprofundamento do ciclo de reformas estruturais "modernizadoras" levado a cabo desde os anos 1980. Estabelecido esse diagnóstico, propõe-se uma agenda baseada em uma "terceira onda" de reformas: estudantil, energética, financeira, trabalhista e das telecomunicações.

A reforma trabalhista de 2012 entende os direitos trabalhistas como custosos para o capital. Sendo assim, medidas como a facilitação da contratação e da demissão, a regulamentação de novos formatos contratuais (como a subcontratação e o contrato temporário) e de remuneração (tendo como principal símbolo o pagamento por hora) foram vendidos como solução para o incremento da produtividade, a geração de empregos e a retomada do crescimento.

Contudo, apesar de a reforma ainda ser recente, os resultados sinalizam em direção oposta: como vimos, o ligeiro aumento da formalização dos postos de trabalho teve como base contratos marcados por maior precariedade e rotatividade, por remunerações mais baixas e por um processo de dessindicalização. Ademais, os postos de trabalho criados concentraram-se primordialmente no setor de serviços e em "microunidades", com menor grau de produtividade.

O questionamento que parece se impor é: como aumentar a produtividade num cenário dominado por baixos salários e condições de trabalho precárias? Não há contradição entre a busca do aumento de produtividade e a expansão do trabalho precário e de baixas remunerações? Não seria a retomada da atividade econômica um pressuposto para o incremento de produtividade e do emprego menos precário? O governo Peña Nieto por vezes se autoproclamou como o "sexênio do emprego", mas fica a indagação: qual o tipo do emprego que se generalizou, e que pode se expandir numa conjuntura de baixo crescimento?

AS PROPOSTAS DE LÓPEZ OBRADOR PARA O MUNDO DO TRABALHO

Os desafios de López Obrador para o mundo do trabalho são evidentes. A América Latina, segundo relatórios da Cepal, vive uma situação dramática, marcada por insuficiência da oferta de empregos, elevada informalidade, baixos salários e falta de acesso à proteção social — tudo isso em articulação com a pobreza. O caso mexicano é ainda mais extremo do que a média da região, o que chamou a atenção do presidente eleito durante a campanha.

Dentre as propostas do novo governo para a área estão a reversão da reforma trabalhista de 2012 por meio de consulta popular e, dentro do que ele considera primordial para o novo governo, o combate à corrupção, destinando "tudo ao financiamento do desenvolvimento do país". Nessa política se inclui a melhoria dos salários com a intenção de fomentar o consumo e o mercado interno, com aumentos proporcionais aos trabalhadores que ganhem menos de duzentos mil pesos (cerca de quarenta mil reais) por ano, incluindo professores, médicos, policiais, soldados, entre outros servidores públicos (López Obrador, 2017, p. 112).

Outra proposta se refere a "construir o futuro com os jovens", na qual 2,3 milhões de jovens seriam destinados à capacitação profissional para ingresso no mercado de trabalho, enquanto outros trezentos mil receberiam bolsas de 29 mil pesos por ano para ingressar em estudos universitários. Quando apresentou os informes dos primeiros cem dias de governo, López Obrador anunciou um acordo com o setor empresarial e representantes dos trabalhadores para aumentar o salário mínimo em 16%, e também a criação de um conselho para o fomento do investimento, emprego e crescimento econômico.

Os questionamentos que vêm à tona são: será possível essa transformação sem o rompimento com o modelo de desenvolvimento traçado nas últimas décadas? Não há incongruências entre as políticas de capacitação profissional e um mercado de trabalho marcado por problemas estruturais de absorção de empregos formais? E entre a política de valorização do salário mínimo e um modelo que tem por base o barateamento da força de trabalho como instrumento de competitividade internacional?

Será preciso analisar os impactos sociais e ambientais de uma política econômica embasada na geração massiva de empregos na construção civil, em infraestrutura e no fomento ao turismo; e se os complexos problemas estruturais das relações de trabalho no México, como a precarização nas *maquiladoras*, a flexibilização acompanhada de dessindicalização, a informalidade e a migração para os Estados Unidos poderão ser superados, minimizados ou apenas "*maquillados*" [maquiados].

REFERÊNCIAS BIBLIOGRÁFICAS

ANTUNES, Ricardo. *O privilégio da servidão: o novo proletariado de serviços na era digital.* São Paulo: Boitempo, 2018.

DE LA GARZA, Enrique. "Modelos de produção e relações de trabalho no México do século XXI", em *Tempo Social*, 26 abr. 2018. Disponível em: <http://www.scielo.br/pdf/ts/v30n1/1809-4554-ts-30-01-0157.pdf>. Acesso em: 10 fev. 2019.

INEGI. *Estadística del Programa de la Industria Manufacturera, Maquiladora y de Servicios de Exportación.* Disponível em: <https://www.inegi.org.mx/temas/manufacturasexp/>. Acesso em: 19 fev. 2019.

LÓPEZ OBRADOR, Andrés Manuel. *2018: La salida. Decadencia y renacimiento de México.* México: Planeta, 2017.

MORALES, Josefina. "La industria maquiladora en México bajo el TLCAN 1993-2013", em ROJAS VILLAGRA, Luis (org.). *Neoli-*

beralismo en América Latina: crisis, tendencias y alternativas. Asunción: Clacso, 2015.
NACIÓN 321. "Las claves en el mensaje de López Obrador a 100 días de gobierno", em *Nación 321*, 11 mar. 2019. Disponível em: <https://www.nacion321.com/gobierno/las-claves-en-el-mensaje-de-lopez-obrador-a-100-dias-de-gobierno>. Acesso em: 11 abr. 2019.
PALMA, José Gabriel. "The seven main 'stylized facts' of the mexican economy since trade liberalization and Nafta", em *Industrial and Corporate Change*, v. 14, n. 6, pp. 941–91, 2005.
QUINTERO RAMÍREZ, Cirila. "Las relaciones laborales en la industria maquiladora", em MORALES, Josefina (org.). *El eslabón industrial: cuatro imágenes de la maquila en México.* México: Nuestro Tiempo, 2000, pp. 103–52.
RUBIO CAMPOS, Jesús. "Sindicalización y precariedad laboral en México", em *Región y Sociedad,* ano XXIX, n. 68, 2017.
SOTELO VALENCIA, Adrián. "Trabajo precário e informalidad laboral en México", em *Rebelión*, 28 dez. 2017. Disponível em: <http://www.rebelion.org/noticia.php?id=235878>. Acesso em: 21 mar. 2019.

ROTOPLAS

A QUESTÃO AGRÁRIA NO MÉXICO: A TERRA É UMA SAÍDA?

RICHARD SALES

La tierra es de quien la trabaja.
— Emiliano Zapata

INTRODUÇÃO

No que se refere à questão agrária latino-americana, a maior parte dos países é marcada por construções históricas que culminam em latifúndios, grande concentração de terras, monoculturas voltadas para a exportação e uma intensa exploração mineira. Há exceções, porém. Uma delas é o México, que apresenta atualmente uma questão agrária diversa e complexa.

O país é majoritariamente composto por pequenos e médios produtores e conta com uma população rural de 25 milhões de pessoas, que representam 21% do total do país (Inegi, 2010). Além disso, possui um modelo exclusivo de propriedade social da terra (os *ejidos*), fruto do processo revolucionário iniciado em 1910, que teve como principal legado a reforma agrária. É fato também que esse legado foi e continua sendo atacado, resultando em um cenário de diversos problemas e lutas camponesas, bem como em transtornos à segurança alimentar e pobreza rural — problemas que colocam a questão agrária como fator central na discussão das possibilidades de mudança e reorganização da realidade mexicana.

A REFORMA AGRÁRIA MEXICANA

A reforma agrária mexicana pode ser considerada filha da revolução. Entretanto, sua raiz está nos laços camponeses e indígenas de relação social com a terra, que antecedem a própria colonização. Com uma população de cerca de quinze milhões de indígenas, o México é um dos países americanos em que a herança dos povos originários é mais presente. Civilizações como a maia e a asteca são representadas até hoje em hábitos camponeses mexicanos. É com a colonização espanhola que se expande a exploração das terras para mineração e exportação primária agrícola, o que afeta o modo de vida indígena, que sofre ainda com o genocídio e a escravização de culturas originárias. É nos marcos desse processo que a estrutura fundiária e social da região se modifica, segundo um padrão comum nas colônias ibéricas.

Após aproximadamente oitenta anos de sua independência, iniciada em 1810, o México passa por um período de modernizações guiado por um modelo de desenvolvimento pautado na abertura comercial e na construção de infraestrutura: o Porfiriato, período ditatorial em que Porfirio Díaz governou por quase trinta anos (1884-1911) e um dos momentos de maior concentração de terra da história mexicana. A Lei dos Baldios (1893), com a qual o governo passa a exigir o título de posse das terras — que muitos indígenas e camponeses não possuíam —, permite a expansão agrícola comercial, concentrada no confisco de terras pelo governo, que repassava essas propriedades a latifundiários. A abertura econômica e a aproximação com o capital estrangeiro, principalmente na fronteira com os Estados Unidos, provocou uma diferenciação territorial no México: no norte, internalizou-se um processo de desenvolvimento mais arraigado na condição fronteiriça, enquanto o sul permaneceu mais agrário, com fortes vínculos comunitários com a terra. Nesse processo dual, avanços e contradições caminharam juntos, até o limite: a eclosão da revolução.

A revolução de 1910, que pôs fim ao Porfiriato, emergiu das contradições de um período considerado modernizador, mas em que o Estado privilegiou os grandes capitalistas em detrimento da população camponesa e dos trabalhadores. A revolta nasceu de protestos contrários à reeleição de Díaz, pela implementação do sufrágio efetivo e pela restituição de terras ao campesinato.

Ao resgatar os laços de resistência indígena e camponesa, conformou-se um processo único, autônomo e autoconstruído, que não se explica por nascentes socialistas — até porque a Revolução Mexicana antecede a Revolução Russa de 1917. Tampouco se encaixa no conceito das revoluções liberais burguesas europeias. Trata-se de um movimento que apoia sua luta na cultura de grandes civilizações indígenas e em sua relação coletiva com a terra. Pancho Villa e Emiliano Zapata, os maiores símbolos revolucionários, são exemplos disso. Ambos estiveram envolvidos com as lutas armadas e políticas no furacão revolucionário, interrompido em 1917 em meio a inúmeros assassinatos e disputas.

A revolução é parte da construção do Estado mexicano, e a sua principal referência é a Constituição de 1917 — vigente até hoje. A Carta consolidou o principal legado revolucionário: a reforma agrária, marcada pelo artigo 27, que define o direito à propriedade social rural. O Estado passa a ser o detentor de todas as terras do país e compromete-se a redistribuí-las na forma dos *ejidos*. Após 1917, o Estado cria mecanismos com essa finalidade: a *ley agraria* regulava as solicitações de propriedades e a distribuição, enquanto bancos rurais foram fundados para promover a reestruturação do campo. São os anos do chamado *reparto de tierras*. Entretanto, não houve de fato um projeto que obtivesse sucesso em fortalecer a propriedade social rural.

Ao mesmo tempo, o apoio aos camponeses sofreu com corrupção, paternalismo estatal, patrimonialismo e pressões estrangeiras. As melhores terras foram cedidas a entes privados (transnacionais e especuladores), que também se beneficiaram de incentivos à produção e de subsídios. Como resultado, o que se viu em quase oitenta anos de *reparto de tierras* foi uma distribuição que, apesar de ceder território — 102,8 milhões de hectares distribuídos em quase trinta mil *ejidos* (Sedatu, 2018) —, não priorizou os ideais camponeses, e sim a produção voltada para a exportação. A exceção foi o governo de Lázaro Cárdenas (1934-1940), que chegou a distribuir 20,1 milhões de hectares e impulsionou o investimento nos *ejidos* por meio de crédito agrícola. Mas, no conjunto, os períodos de "contrarreforma", em que os governos centraram forças nos produtores privados, foram mais intensos.

AS REFORMAS DE 1992 E A RESISTÊNCIA CAMPONESA

É no contexto das ambiguidades da distribuição de terras e dos constantes ataques a um projeto que completasse os objetivos da reforma agrária que ocorre, em 1992, o maior golpe a esse processo: a modificação no artigo 27 da Constituição. Em nome do discurso de autonomia dos *ejidatarios*, propõem-se o parcelamento da propriedade social e a possibilidade de associação com qualquer ente privado — até então, apenas o Estado detinha relações com os *ejidos*.

É a partir desse momento que se aceleram a mercantilização e a privatização das terras sob o Programa de Certificación de Derechos Ejidales y Titulación de Solares Urbanos (Procede). O programa tinha como propósito decidir, por meio das *asambleas ejidales*, o destino das terras que lhes foram concedidas. Objetivava assegurar a propriedade por meio da titularização de terras de uso comum, parcelas e solares urbanos, o que permitiria contratos de associação (aluguel, parceria e partilha) com a iniciativa privada. Tal mecanismo foi fundamental na privatização dos *ejidos*.

A especulação e a forte pressão das transnacionais, bem como das mineradoras (aliadas a concessões governamentais), provocaram um ataque à agricultura camponesa e um avanço do agronegócio, além da afronta à soberania alimentar, intensificada a partir da vigência do Nafta, em 1994. Nesse contexto, o México passa de produtor a importador de alimentos e apresenta um déficit acumulado da balança comercial agroalimentar, no período do Nafta, de 60,7 bilhões de dólares (López Obrador, 2017).

O Estado, que historicamente atuou de forma paternalista e burocrática em relação à questão agrária, agora promovia esse desmonte. Com a abertura comercial e o redirecionamento das propostas governamentais, os pequenos produtores rurais foram praticamente abandonados. Os investimentos públicos no campo caíram de 1,48% do PIB entre 1980 e 1982 para 0,08% no triênio 2011-2013 (López Obrador, 2017). As *bancas comerciales y de desarollo*, principais instituições de crédito para o desenvolvimento mexicano, reduziram seus empréstimos de 14,7% para 5,4% no campo. Além disso, "em 2012, apenas 7,7% das unidades de produção agropecuária contavam com financiamento" (López Obrador, 2017). Por fim, os recursos direcionados ao meio rural, principalmente pela

Secretaria de Agricultura, se concentraram em sete entidades, que recebiam cerca de 40% do orçamento, mas representavam apenas 29% das unidades produtivas.

Nesse contexto, cresceram os conflitos sociais, sobretudo com mineradoras, e se intensificou o êxodo rural, especialmente entre os mais jovens, que partem em busca das grandes cidades ou para o exterior. Como resultado, aprofundaram-se a marginalização e a pobreza rural, estimada atualmente em 65% (Robles, 2018). Entretanto, muitas famílias resistem a deixar a terra: parte dos camponeses que não conseguem subsistir no campo sobrevive de remessas dos familiares que optaram pelo êxodo.

Nesse período de intenso ataque ao campesinato também se construíram grandes resistências. A principal delas se forjou nas selvas do sul do México, onde a luta camponesa, que derrubou o Porfiriato e sobreviveu a uma distribuição de terras sem projeto e ao abandono do campo nos últimos trinta anos, ressurgiu com o Exército Zapatista de Libertação Nacional. Atualmente o movimento é uma fonte de luta pela terra, pela agricultura ecológica e pela autonomia dos povos indígenas, rechaçando a presença do Estado.

O CAMPO MEXICANO E SEU RESGATE SOB A ÓTICA DE LÓPEZ OBRADOR

A discussão sobre o êxito da reforma agrária mexicana percorre caminhos distintos, sendo algumas vezes postulada como um fracasso e, outras, como um importante fator de distribuição de terra. Há de se aceitar que o projeto de desenvolvimento do campo não obteve sucesso. Entretanto, não se pode dizer o mesmo da reforma que coloca o México até hoje como um dos poucos países latino-americanos de pequenos e médios produtores. Esse dado indica o poder de resistência dos camponeses e indígenas. O maior legado da revolução é a reforma agrária, e a sua sobrevivência prova que resistir é possível e necessário.

Nesse contexto, o novo governo de López Obrador tem como um dos principais desafios enfrentar a herança de desmonte deixada pelos governos anteriores. Suas propostas em relação à terra estão sintetizadas no Plan de Ayala del Siglo XXI [Plano Ayala do século XXI][7] e incluem: a reestruturação do campo com crédito e fomento à tecnologia; universidades (cerca de sessenta mil vagas para estudantes camponeses); e o restabelecimento da segurança alimentar por meio do fortalecimento da produção para o mercado interno, o que incluiria também a compra da produção assegurada pelo próprio governo. Todos esses pontos foram reforçados no discurso de posse presidencial.

Uma de suas maiores bandeiras é a reestruturação de programas como o Proagro[8] e o combate ao milho transgênico, principal produto agrícola mexicano e base da alimentação no país. A entrada do milho transgênico estadunidense subsidiado foi um duro golpe para o campesinato e para a própria identidade cultural mexicana (em âmbito interno, a produção do milho geneticamente modificado é restrita e tema de debate jurídico).

---

7 O Plan de Ayala del Siglo XXI é inspirado no Plan de Ayala de 1911, elaborado por Emiliano Zapata para dividir os latifúndios e reorganizar os *ejidos*. O documento firmado por López Obrador com centenas de entidades indígenas e camponesas é um dos principais planos do governo e tem como foco a reestruturação do campo e a garantia de direitos à população rural sobre a terra.

8 O Proagro Productivo é atualmente controlado pela Secretaria de Agricultura e busca garantir maiores níveis de produtividade às Unidades Econômicas Rurais Agrícolas mexicanas com subsídios e incentivos governamentais. É uma reestruturação do Procampo, criado em 1993 para apoiar os camponeses diante do Nafta e dos produtos agrícolas estrangeiros, a maioria estadunidense e massivamente subsidiada por Washington.

No entanto, as condições do governo ante as pressões internas e externas são débeis. O Nafta deixa pouca margem de manobra ao presidente, enquanto a estagnação econômica exige a retomada do crescimento. Sua estratégia está centrada nos chamados *grandes proyectos*, tal qual o Trem Maia[9] ou o novo aeroporto da região da capital, que suscitam conflitos sociais e com o meio ambiente. A dificuldade em conseguir recursos para essas promessas também é um problema que deverá ser enfrentado pelo presidente, que pretende obtê-los com o fim da corrupção.

Nesse contexto, dentre os sombrios caminhos trilhados pela história mexicana, em especial na relação entre camponeses e Estado nos últimos trinta anos, a terra representa as relações sociais que se opõem ao capital com mais força. Talvez seja uma luz no fim do túnel, uma via para enfrentar o que os zapatistas descrevem como a "longa e escura noite neoliberal".

REFERÊNCIAS BIBLIOGRÁFICAS

AGUILAR, Héctor & MEYER, Lorenzo. *A la sombra de la Revolución Mexicana*. México: Cal y Arena, 1989.

GROHMANN, Horacio. "Las reformas de 1992 a la legislación agraria: el fin de la Reforma Agraria mexicana y la privatización del ejido", em *Polis: Investigación y Análisis Sociopolítico y Psicosocial*, n. 1993. Disponível em: <https://revistas-colaboracion.juridicas.unam.mx/index.php/polis/

9 Trata-se de uma ferrovia com que o governo de Andrés Manuel López Obrador pretende interligar os principais centros arqueológicos maia em cinco estados do sudeste mexicano (Yucatán, Quintana Roo, Campeche, Tabasco e Chiapas) que abrigam centros turísticos como Cancún, Tulum, Calakmul, Palenque e Chichen Itzá. De acordo com anúncios preliminares do presidente, a obra demoraria quatro anos para ser concluída, ao custo de oito bilhões de dólares. [N.E.]

article/view/16618/14876>. Acesso em 24 jun. 2019.

INEGI. Censo de Población y Vivienda 2010. Disponível em: <https://www.inegi.org.mx/programas/ccpv/2010/default.html>. Acesso em: 13 set. 2019.

LÓPEZ OBRADOR, Andrés Manuel. *2018: La salida. Decadencia y renacimiento de México.* México: Planeta, 2017.

_______. *Plan de Ayala Siglo XXI para el rescate del campo y la soberanía alimentaria de México.* Abr. 2018. Disponível em: <http://www.movimientocampesinoplandeayalasigloxxl.org.mx/wp-content/uploads/2018/05/plan-de-ayala-confirma-amlo.pdf>. Acesso em: 24 jun. 2019.

MONTIEL, Mario. *Síntesis de la historia agraria en México, con una reflexión sobre las tierras no productivas.* Disponível em: <http://www.academia.edu/22395700/s%C3%ADntesis_de_la_Historia_agraria_de_M%C3%A9xico>. Acesso em 24 jun. 2019.

ROUX, Rhina & GILLY, Adolfo. *México: el poder, el dinero y la sangre.* México: Aguilar, 1996.

SEDATU. Secretaría de Desarrollo Agrario, Territorial y Urbano. Gobierno Federal, Registro Agrario Nacional. Dirección General de Registro y Control Documental. Disponível em: <http://www3.inegi.org.mx/rnm/index.php/catalog/IINUE>. Acesso em: 13 set. 2019.

POR QUE TANTOS MEXICANOS MIGRAM PARA OS ESTADOS UNIDOS?

MATHEUS ESCOBET
RAFAEL LIMA
RICHARD SALES

Pobre México, tão longe de Deus
e tão perto dos Estados Unidos.
— Porfirio Díaz

A migração de mexicanos para os Estados Unidos remete a questões históricas, geográficas, culturais e econômicas. As relações entre os dois países foram marcadas por conflitos territoriais no século XIX, nos quais o México perdeu grande parte do seu território; e, em anos recentes, foram acentuadas por transformações estruturais em ambos os países.

A reestruturação do modelo de desenvolvimento mexicano de substituição de importações para o modelo de exportação de manufaturados é concomitante com transformações no mercado de trabalho. Aprofundaram-se problemas estruturais de geração de postos de trabalho formalizados, o que potencializou a dinâmica de "exportação" de mão de obra para o vizinho. Entre 1991 e 2006, o setor informal cresceu

50% e mais de sete milhões de mexicanos imigraram para os Estados Unidos (Conapo, 2008).

Esse redimensionamento da estrutura econômica e social mexicana se combinou com as demandas e transformações estadunidenses, constituindo uma relação de "interdependência", em que se acelera a emigração de mexicanos precarizados e excluídos do limitado mercado laboral local, ao mesmo tempo que as remessas enviadas pelos emigrados aos familiares que permaneceram no país natal tornam-se importante fonte de renda da sociedade mexicana. Do lado dos Estados Unidos, esses trabalhadores suprem a demanda por força de trabalho, principalmente em ocupações de baixa qualificação, mal remuneradas e precarizadas.

INFORMALIDADE: O EXÉRCITO DE "EMPREENDEDORES DE SI MESMO"

A escalada de informalidade no mercado de trabalho é uma característica global do capitalismo contemporâneo. Sob a roupagem da flexibilização "modernizadora" e do empreendedorismo — eufemismos para a precarização das relações laborais —, aprofunda-se um processo de individualização do trabalho e de superexploração de trabalhadores pouco qualificados, deixados à própria sorte pela racionalidade neoliberal (Dardot & Laval, 2016).

A informalidade no México, situação em que se encontram quase 60% dos trabalhadores (Inegi, 2018), ampliou-se em paralelo com o setor de serviços, que hoje é o mais importante em termos de participação no PIB, e com a queda dos níveis salariais. Esses processos são evidenciados pela retração da participação dos salários no PIB, que passou de 42,5%, em 1981, para 27%, em 2012, enquanto no setor de serviços passou de 73% para 16%. No conjunto, observou-se um declínio de cerca de 70% no salário real da década de 1980 até a atualidade (Rodríguez, 2016). Segundo o sociólogo Lucio Oliver, esse crescimento da economia informal, articulado com a superexploração do trabalho no setor formal, é vital para a reprodução do modelo de desenvolvimento mexicano.

O panorama torna-se claro quando observamos as grandes cidades mexicanas, nas quais se proliferam vendedores de quinquilharias nas ruas e nos arredores de estações de metrô e outras modalidades de transporte público; barracas de comida de rua — algo que está ligado com a perda da soberania alimentar mexicana — e anúncios de empregos temporários para o setor de serviços — que buscam "trabalhadores que não tenham medo de trabalhar".

Esse ciclo vicioso de baixos salários e alta informalidade foi acompanhado pela queda do acesso à seguridade social: cerca de 60% da população ocupada não está segurada (Inegi, 2018). A pobreza também aumentou nas últimas décadas: em 2016, 43,6% dos mexicanos estavam abaixo da linha da pobreza e, em 2018, 39,8% dos mexicanos empregados recebiam menos do que o valor da cesta básica. Essa situação é ainda mais dramática em áreas rurais, como no estado de Chiapas, onde 77,1% da população estavam abaixo da linha da pobreza em 2016 (Coneval, 2016).

Esse quadro é agravado pela baixa arrecadação do Estado mexicano e pela aposta em um padrão de políticas sociais focalizadas, disseminadas pelo Banco Mundial, que se mostraram ineficazes no combate à pobreza e à desigualdade. Um retrato disso é que o México está abaixo da média dos países latino-americanos no que se refere a gastos sociais em relação ao PIB, bem como em relação a gastos públicos com o mercado de trabalho. Em contrapartida, está acima da média nos níveis de informalidade e de pobreza (Cepal, 2018).

O problema estrutural de absorção de trabalhadores no setor formal também se expressa na economia criminal, que, apesar de não constar nos números de informalidade, guarda relação com a falta de oportunidades e a precariedade do mercado de trabalho. O narcotráfico encontrou um espaço privilegiado para sua expansão em meio a um mercado de trabalho inundado por trabalhadores pauperizados, enquanto as ocupações no setor formal escassearam. O setor absorve uma parcela importante de jovens sem perspectiva de futuro para trabalhar nos diversos tipos de atividades dominadas pelo narcotráfico, em condições de trabalho degradantes e arriscadas.

Nos últimos anos, houve uma ligeira retração do setor informal que, segundo dados do Instituto Nacional de Estatística e Geografia (Inegi), passou de 60% dos trabalhadores em atividade, em 2012, para 56,5% no quarto trimestre de 2018. Essa queda pode estar relacionada com a reforma trabalhista de 2012 e as políticas de incentivo à formalização levadas a cabo a partir de 2013. Todavia, os empregos formais gerados pela medida são marcados pela precariedade, com predominância de postos de trabalho temporários e de baixa remuneração (Romero & Acevedo, 2017).

TRABALHADORES MEXICANOS NOS ESTADOS UNIDOS

A manutenção das condições capitalistas de produção se ramifica em diversos canais, incluindo a exportação de trabalho barato, usualmente entre centros e periferias do capitalismo. Nesse contexto, a relação entre o México e os Estados Unidos se apresenta em um nível único. Além das *maquiladoras*, marcadas pelo trabalho intensivo, o país perde parte da população via imigração, que em território estadunidense exerce serviços de baixa qualificação e remuneração.

Estima-se que vivam nos Estados Unidos cerca de doze milhões de trabalhadores mexicanos, número que alcança 33 milhões ao se considerarem seus descendentes. Os mexicanos são 26% dos imigrantes nos Estados Unidos e 51% dos que estão em situação ilegal (Gonzalez-Barrera & Krogstad, 2018). Grande parte dessa imigração está relacionada à precariedade do mercado de trabalho mexicano. Aliado a isso, a proximidade geográfica potencializa a busca por oportunidades, fantasiadas pela propaganda do *American dream* [sonho americano].

Os imigrantes mexicanos que chegam aos Estados Unidos enfrentam um cenário de precariedade também do outro lado da fronteira. Os principais setores de alocação desses trabalhadores são construção civil, agricultura (mecanizada) e serviços de venda ou auxílio administrativo. Estima-se que 61% dos trabalhadores mexicanos recém-chegados nos Estados Unidos estejam em trabalhos de baixa qualificação, número que cai para 47% entre os que estão há mais tempo no país. Os mexicanos recebem os mais baixos salários se comparados a qualquer outro grupo de imigrantes, ou grupos estadunidenses marginalizados, como os afro-americanos. Cerca de 50% dos mexicanos vivem com salários baixos ou insuficientes. Em um país onde a maioria dos serviços de saúde é paga, 53,5% desses imigrantes não têm seguro médico.

Nesse contexto, temos diferentes análises sobre o alto número de mexicanos trabalhando nos Estados Unidos. Apesar de a imigração incidir nas condições demográficas e de envelhecimento da população, elevando o número de pessoas em idade laboral, os imigrantes sofrem com a falta de regularização e com políticas anti-imigração por parte do governo. Isso fica visível com o Nafta, que facilitou a livre circulação de mercadorias entre os países norte-americanos, mas manteve dificuldades para a circulação de pessoas; e também se observa na proposta do presidente Donald Trump de fechar a fronteira entre os países com um muro.

Em outra perspectiva, a dependência mexicana em relação aos Estados Unidos está vinculada às dificuldades no mercado de trabalho doméstico. Grande parte dos trabalhadores migra porque não é absorvida no próprio país e prefere a informalidade ou a formalidade precária estadunidense. Outro dado importante é que tais trabalhadores formam parte do sustento da própria economia mexicana; em 2018, as remessas enviadas por mexicanos residentes nos Estados Unidos aos parentes no México superaram trinta bilhões de dólares.

Tais contradições ficam evidentes no campo. Grande parte dos mexicanos que emigram vem de zonas camponesas — decorrência da crescente pobreza nos últimos quarenta anos. Ao depararem com grandes dificuldades para subsistir, os trabalhadores rurais buscam as grandes cidades mexicanas, que também sofrem com trabalho escasso e precário, o que incentiva a população rural a ir diretamente para o exterior.

Estima-se que o fluxo médio anual de migrações aos Estados Unidos tenha sido de 29 mil pessoas entre as décadas de 1960 e 1970. O número escalou para 410 mil pessoas durante o governo de Vicente Fox (2000-2006), e estava em 302 mil em 2010 (López Obrador, 2017, p. 97). Atualmente, o México é o país que mais exporta mão de obra para o exterior. Grande parte da juventude mexicana, principalmente do meio rural, não tem perspectivas e busca melhores condições de sobrevivência. Nesse contexto, as relações migratórias colocam em xeque o modelo de subordinação e aliança que o México sustenta com os Estados Unidos, uma vez que a recolocação da força de trabalho em território nacional dependeria da recuperação das condições sociais e laborais do mercado interno e da retomada de setores abandonados, entre eles o campo.

REFERÊNCIAS BIBLIOGRÁFICAS

ANTUNES, Ricardo. *O privilégio da servidão: o novo proletariado de serviços na era digital.* São Paulo: Boitempo, 2018.

CEPAL. *Panorama Social da América Latina 2018.* Disponível em: <https://www.cepal.org/pt-br/publicaciones/44412-panorama-social-america-latina-2018-documento-informativo>. Acesso em: 14 mai. 2019.

CONAPO. "Encuesta sobre migración en la frontera norte de México". Disponível em: <https://datos.gob.mx/busca/dataset/encuesta-sobre-migracion-en-la-frontera-norte-de-mexico>. Acesso em: 14 mai. 2019.

CONEVAL. Consejo Nacional de Evaluación de la Política de Desarrollo Social: Medición de la pobreza, 2016. Disponível em: <https://www.coneval.org.mx/Medicion/PublishingImages/Pobreza_2008-2016/medicion-pobreza-entidades-federativas-2016.JPG>. Acesso em 14 mai. 2019.

DARDOT, Pierre & LAVAL, Christian. *A nova razão do mundo: ensaio sobre a sociedade neoliberal.* São Paulo: Boitempo, 2016.

DE LA GARZA, Enrique. "Modelos de produção e relações de trabalho no México do século XXI", em *Tempo Social,* 26 abr. 2018. Disponível em: <http://www.scielo.br/pdf/ts/v30n1/1809-4554-ts-30-01-0157.pdf>. Acesso em: 10 fev. 2019.

GONZALEZ-BARRERA, Ana & KROGSTAD, Jens Manuel. "What we know about illegal immigration from Mexico", em *Pew Research Center,* 3 dez. 2018. Disponível em: <https://www.pewresearch.org/fact-tank/2018/12/03/what-we-know-about-illegal-immigration-from-mexico/>. Acesso em: 16 mai. 2019.

INEGI. *Datos del Empleo y Ocupación, tasa de informalidad laboral, 2006-2018.* Disponível em: <https://www.inegi.org.mx/temas/empleo/>. Acesso em: 14 mai. 2019.

LÓPEZ OBRADOR, Andrés Manuel. *2018: La salida. Decadencia y renacimiento de México.* México: Planeta, 2017.

RODRÍGUEZ, Roberto Gutiérrez. "Los límites de la política social durante el sexenio Peña Nieto", em *Economía,* Unam, v. 13, n. 39, set.-dez. 2016.

ROMERO, Luis Quintana & ACEVEDO, Blanca E. Garza. "La reforma laboral en Mexico y sus efectos económicos", em *Revista do Tribunal Superior do Trabalho*, 3 jul. 2017. Disponível em: <https://juslaboris.tst.jus.br/handle/20.500.12178/115853>. Acesso em: 4 abr. 2019.

SOTELO VALENCIA, Adrián. "Trabajo precário e informalidad laboral en México", em *Rebelión*, 28 dez. 2017. Disponível em: <http://www.rebelion.org/noticia.php?id=235878>. Acesso em: 21 mar. 2019.

O MÉXICO É IMPORTANTE PARA OS ESTADOS UNIDOS?

MARCELA FRANZONI

Conforme abordado no capítulo "É possível para o México romper relações com os Estados Unidos?", a dependência econômica do México em relação ao vizinho do norte é clara. Contudo, discute-se bem menos o inverso: se é possível para os Estados Unidos romperem as relações bilaterais com o México. Apesar de a assimetria entre os dois países nos levar a uma resposta afirmativa, isso não significa que o México seja pouco importante para os Estados Unidos ou que o rompimento das relações bilaterais não tenha custos para a maior potência econômica e militar do planeta.

O compartilhamento de extensa fronteira atribui um caráter peculiar às relações bilaterais, as quais hoje avançam muito além do Nafta, de 1992. A fronteira binacional possui mais de 3,2 mil quilômetros de extensão e 55 pontos de entrada; quinze milhões de cidadãos que vivem entre os dois lados (U.S. Department of State, 2019). Os estados da Califórnia, Novo México, Arizona e Texas têm o México como o principal destino de exportação — que, em 2018, correspondeu a 17,2%, 38,8%, 40,3% e 34,8%, respectivamente (U.S. Department of

Commerce, 2019). O México foi o segundo principal destino das exportações dos Estados Unidos e o terceiro em importações em 2018, além de ter sido o terceiro principal fornecedor de petróleo cru (U.S. Department of State, 2019).

Os dados indicam, porém, que os dois países também são interdependentes. Os estados fronteiriços e os empresários mexicanos foram contrários à saída dos Estados Unidos do Nafta, o que contribuiu para que Donald Trump adotasse uma postura negociadora. Para esses estados, romper as relações comerciais com o México teria um alto custo, muito maior do que para os estados do norte do país. Apesar de as intensas relações econômicas na região de fronteira não terem nascido com o Nafta, foram fortalecidas desde então. O acordo, atualizado em 2018, reforçou o mercado regional norte-americano e deve intensificar as relações de interdependência econômica.

A Califórnia, o Texas e o Arizona foram também os principais destinos dos mexicanos que migraram para os Estados Unidos em 2018. De acordo com o relatório *Encuesta sobre migración en la frontera norte de México* [Pesquisa sobre migração na fronteira norte do México], de 2017, 40,9% dos migrantes mexicanos que chegaram ao país vizinho naquele ano também tinham como origem os estados fronteiriços do lado do México (El Colegio de la Frontera Norte, 2018). Isso significa que os programas de incentivo aos investimentos externos na região e a promoção das exportações possuem efeitos limitados na promoção do desenvolvimento econômico, e a população local acaba migrando para os Estados Unidos. Esse fluxo abastece com mão de obra barata o país vizinho, ao mesmo tempo que alivia a pressão populacional na fronteira norte do México e, consequentemente, no país como um todo.

A migração para os Estados Unidos não é um fenômeno recente. Até 1964 havia sido regulada pelo Programa Braceros. A extinção do acordo foi concomitante com a criação do Programa da Indústria Maquiladora de Exportação, de 1965. Como discutido em outros capítulos, os resultados dessa estratégia foram limitados e a migração só aumentou. No governo de Vicente Fox (2000–2006), o principal objetivo do governo mexicano em termos de política externa era a negociação de um acordo migratório bilateral com os Estados Unidos, inviabilizado após os atentados de 11 de setembro de 2001. Atualmente, não há um programa público que regule os fluxos migratórios, que são determinados, portanto, pela demanda de trabalho. Em termos de política pública, o governo mexicano atua por meio dos seus cinquenta consulados para tentar garantir a proteção dos nacionais.

Desde 2009, o fluxo migratório de mexicanos para os Estados Unidos reduziu-se significativamente, de 748 milhões de eventos para 326 milhões (El Colegio de la Frontera Norte, 2018). Mesmo que a partir de 2015 tenha havido um aumento, a queda em relação aos anos anteriores é drástica (Cerón & Wiesner, 2018). Tal processo foi acompanhado por um aumento do fluxo de migrantes centro-americanos, também a partir de 2009. A Comissão Econômica para a América Latina e o Caribe (Cepal) das Nações Unidas ainda apontou que, de 2010 a 2016, mais centro-americanos foram deportados do que mexicanos, o que reforça a existência de um novo padrão migratório (Cerón & Wiesner, 2018). Nesse cenário, o papel do México no controle do fluxo proveniente da sua fronteira sul é funcional para os Estados Unidos e reforça a interdependência entre os dois países.

A atuação do México na fronteira com Belize e Guatemala é bastante criticada por organizações de direitos humanos, que denunciam violações por parte das autoridades e de grupos ilegais. A medida de López Obrador de abrigar os migrantes em Tijuana até que o caso fosse julgado nos tribunais dos Estados Unidos, apesar de demonstrar solidariedade, aliviou a pressão migratória no vizinho, ao mesmo tempo que se agravaram as violações humanitárias, sobretudo contra crianças e adolescentes. Em troca, Obrador parece esperar recursos do governo estadunidense para projetos de desenvolvimento na América Central — proposta que tampouco é nova na política externa do México.

Apesar de amplamente debatido pela literatura na década de 1970 e 1980, o conceito de interdependência abriga ambiguidades importantes. Argumentou-se que ele escondia a profunda assimetria entre os dois países e indicava uma integração "natural" da economia mexicana à dos Estados Unidos. Contudo, a sua principal contribuição foi sinalizar que o México poderia utilizar esses pontos para aumentar o seu poder de barganha e obter concessões em temas estratégicos. É para esse caminho que sinaliza López Obrador: aproveitar as relações com os Estados Unidos para alavancar sua agenda interna. Nesse sentido, o presidente não aponta para a reformulação da estratégia de desenvolvimento econômico e de política externa do México.

REFERÊNCIAS BIBLIOGRÁFICAS

CERÓN, Alejandro I. C. & WIESNER, Martha L. Rojas. *Panorama de la migración internacional en México y Centroamérica*. Cepal, Série Población y Desarrollo, n. 124, 2018. Disponível em: <https://repositorio.cepal.org/bitstream/handle/11362/43697/1/S1800554_es.pdf>. Acesso em: 15 abr. 2019.

EL COLEGIO DE LA FRONTERA NORTE. *Encuesta sobre la frontera Norte de México: Informe anual de resultados 2017*. Disponível em: <https://www.colef.mx/emif/resultados/informes/2017/Emif%20Informe%20Anual%20NORTE%202017(28_marzo_19).pdf>. Acesso em: 12 de abr. 2019.

U.S. DEPARTMENT OF COMMERCE. "Foreign Trade". Disponível em: <https://www.census.gov/foreign-trade/statistics/state/data/ca.html>. Acesso em: 14 abr. 2019.

U.S. DEPARTMENT OF STATE. "U.S. Relations With Mexico." Disponível em: <https://www.state.gov/r/pa/ei/bgn/35749.htm>. Acesso em: 10 abr. 2019.

INAH

QUAL O PERFIL DO SETOR INDUSTRIAL MEXICANO?

FABIANA RITA DESSOTTI

A pergunta central deste capítulo é: quais foram as implicações das mudanças trazidas pelo modelo neoliberal, em especial após a assinatura do Nafta, no processo de industrialização mexicano? Aderindo ao princípio de que o crescimento industrial de um país é uma variável relevante para a geração de empregos e para o crescimento da produção nacional, questiona-se: o modelo de desenvolvimento industrial mexicano apresenta resultados positivos?

O México passou por um processo de mudança de estrutura produtiva, ganhando relevância o setor industrial de exportação. Enquanto, em 1980, 96% do que era produzido pelo setor era destinado ao consumo interno e 4% era exportado, em 2008, 66% era destinado ao consumo interno e 34% à exportação (Rojas & Gómez, 2018).

Destaca-se no caso mexicano a importância da indústria *maquiladora* para a dinâmica de crescimento econômico e inserção internacional, por meio da exportação de bens industrializados. Trata-se, principalmente, de empresas vinculadas ao processo de internacionalização da produção, promovida pelas companhias transnacionais, destacando-se as estadunidenses. Isso por si só já caracteriza o perfil de vulnerabilidade desse setor às influências das crises econômicas internacionais, destacado pelos estudiosos do processo de internacionalização da produção.

Analistas econômicos ressaltam a importância do setor industrial para o desenvolvimento econômico e as relações exteriores do México. No entanto, o que se constata é uma queda da importância da indústria manufatureira na composição do PIB, que gira em torno de 15% no período de 2007 a 2014, representando 17,2% em 2017 (Inegi, 2018), em comparação com períodos anteriores.

Verifica-se que a representatividade do setor secundário, aí incluída a indústria manufatureira, se mantém em torno de 30% do total produzido. Assim como em outros países em desenvolvimento, o que se observa é que o setor terciário (comércio e serviços) corresponde a cerca de 60% do PIB, com a ressalva de que é difícil identificar o quanto desse setor terciário inclui serviços relacionados aos setores industriais.

Mesmo assim, os períodos em que as indústrias manufatureiras mais cresceram também foram aqueles em que o país apresentou maior crescimento da atividade econômica.

Destaca-se no período o ano de 2009, momento em que o país apresentou uma queda de 5,3% no PIB e em que a indústria manufatureira recuou 10,1%. O México enfrentou um período de recessão, demonstrando o quanto o país é dependente da economia estadunidense. Todos os setores apresentaram taxas negativas de crescimento, o que evidencia as limitações desse modelo econômico.

O setor industrial é o principal receptor de investimento estrangeiro direto (IED). Conforme dados da Secretaria de Economia, dos 31,6 bilhões de dólares recebidos, 70,7% foram direcionados a esse setor, sendo que 49,1% se dirigiram às manufaturas. Quando se analisa o IED pela ótica da origem do capital, percebe-se a importância da economia estadunidense para o México, uma vez que 38,8% dos investimentos que este recebe são provenientes do vizinho do norte; 13,1%, da Espanha; 10,1%, do Canadá; 8,2%, da Alemanha; 6,7%, do Japão; 4,5%, da Itália; e 18,6%, de outros países. Em 2017, o México ocupou a 12ª posição mundial como destino de IED.

TABELA 1 — Taxa de variação anual do PIB e dos setores de atividade econômica no México — valores em %

Anos	2007	2008	2009	2010	2011	2012	2013	2014	2015	2016	2017
PIB	2,3	1,1	-5,3	5,1	3,7	3,6	1,4	2,8	3,3	2,9	2,1
Setor primário	4,2	0,0	-2,1	2,5	-3,8	6,4	2,3	3,8	2,1	3,5	3,2
Setor secundário	0,9	-1,0	- 7,5	4,5	2,8	2,8	-0,2	2,6	1,2	0,4	-0,3
Indústria manufatureira	0,6	-1,4	-10,1	8,7	3,2	3,9	0,5	4,0	3,0	1,6	2,8
Setor terciário	3,1	2,3	-4,1	5,7	4,5	4,1	2,2	2,7	4,3	3,9	3,1

Fonte: Inegi, 2018.

Além disso, o comércio exterior mexicano está fortemente vinculado ao setor industrial. Nos últimos trinta anos, o país apresentou uma mudança qualitativa nas exportações, orientando-se para bens de maior valor agregado. Em 1986, 45,6% das vendas externas mexicanas eram de bens primários, enquanto as manufaturas representavam 33%. Conforme informações do *Reporte Analítico* do Banco de México (2019), a estrutura das exportações de mercadorias durante 2018 apresentou a seguinte configuração: 88,2%, manufaturas; 6,8%, petroleiras; 3,6%, agropecuárias; e 1,4%, extrativas.

Em 2017, 81,54% das exportações não petroleiras destinaram-se ao norte e, desse valor, 27,32% representam exportações da indústria automotiva. Os produtos manufaturados mais relevantes na pauta de exportação mexicana são automóveis, autopeças e produtos eletrônicos.

O que se observa no México é um modelo secundário exportador fortemente vinculado ao comportamento das empresas transnacionais e dependente da dinâmica da economia estadunidense. Tais características comprometem os seus resultados em termos de crescimento econômico, geração de emprego, exportações, entre outras variáveis sociais e econômicas, que são apresentadas em outros capítulos deste livro.

Pode-se considerar que o modelo secundário exportador reflete a política econômica dos governos a partir dos anos 1980, na medida em que não foram implementadas políticas industriais voltadas para setores que contribuíssem para o desenvolvimento econômico do país em um sentido mais amplo e que o conduzissem a uma inserção internacional menos dependente dos Estados Unidos. Ao contrário, as medidas aprofundaram a dependência, principalmente no sentido das exportações de bens industriais — isso sem considerar as implicações para o setor agrícola e, particularmente, o alimentar, que não foram investigadas neste texto. Esse é um grande desafio para o governo López Obrador.

REFERÊNCIAS BIBLIOGRÁFICAS

BANCO DE MÉXICO. Reporte Analitico: Información Revisada de Comercio Exterior, febrero de 2019. Disponível em: <https://www.banxico.org.mx/publicaciones-y-prensa/informacion-revisada-de-comercio-exterior/%7BF648C7AD-765A-F748-A81C-75F69B8FA434%7D.pdf>. Acesso em: 10 mar. 2019.

CEPAL. *O investimento estrangeiro direto na América Latina e no Caribe*. Documento Informativo, 2018.

_______. *Produvitividad y brechas estructurales en México*. México: Cepal, 2016.

INEGI. Datos PIB y Cuentas Nacionales. Disponível em: <https://www.inegi.org.mx/datos>. Acesso em: 6 fev. 2019.

MENDIOLA, Gerardo. *México: empresas maquiladoras de exportación en los noventa*. Serie Reformas Económicas, 1999. Disponível em: <https://www.cepal.org/es/publicaciones/7514-mexico-empresas-maquiladoras-exportacion-noventa>. Acesso em: 3 set. 2019.

MORALES, Josefina. "Maquila 2000", em MORALES, Josefina; FUENTES, Ana García & QUINTERNO, María Eugenia O. C. *El eslabón industrial: cuatro imágenes de la maquila em México*. México: Nuestro Tiempo, 2000.

ROJAS, Angélica M. V. & GÓMEZ, Diana X. G. "Un análisis de la productividad manufacturera de México entre 1988 y 2013", em *Revista Iberoamericana de Contaduria, Economia y Administración*, v. 7, n. 13, jan.-jun. 2018.

O MÉXICO É EXTRATIVISTA?

CARLOS SEIZEM IRAMINA
FLÁVIA DOS REIS
MATHEUS ESCOBET
RAFAEL LIMA

O EXTRATIVISMO E A AMÉRICA LATINA

A problemática do extrativismo perpassa toda a história e o desenvolvimento do capitalismo nos países latino-americanos. Sua origem reside na formação colonial voltada à acumulação de capital, de caráter exportador, e articulada à desigualdade estrutural interna e à dependência dos países da região com relação às economias centrais.

Segundo Alberto Acosta (2016), o extrativismo tem como ponto central a extração e a produção de bens primários para a exportação, isto é, "exportação da natureza contida nos territórios latino-americanos para outros países". Esses bens primários não se circunscrevem aos minérios e ao petróleo, mas também englobam o extrativismo agrário, florestal e pesqueiro. Tal prática, entendida como um padrão de reprodução do capital, aprofundou o conflito entre os capitalistas dos ramos extrativos, de um lado, e a sobrevivência dos povos originários, de suas culturas, as relações com o território e os modos de reprodução da vida, de outro.

Os anos de 1980 configuraram um marco representativo de retomada de uma onda extrativista que, em diversos países da América Latina, resultou em uma reprimarização da pauta produtiva, voltada à inserção desses países no mercado internacional como exportadores primários.

A chamada onda progressista latino-americana, a partir das eleições de presidentes orientados à esquerda durante a década de 2000, não somente não reverteu tal processo como o expandiu e o aprofundou. Em um cenário de internacionalização produtiva e financeirização dos fluxos de capitais, muitas vezes nossos países se limitaram a aproveitar o *boom* das *commodities* no mercado internacional.

AS ESPECIFICIDADES DA ECONOMIA E DO EXTRATIVISMO MEXICANO

O México, apesar de estar inserido no contexto latino-americano, possui particularidades que devem ser consideradas para a compreensão de sua organização fundiária. Como abordado em outro capítulo deste livro, a revolução de 1910 garantiu, sob o guarda-chuva do Estado, uma ampla reforma agrária, que estabeleceu a propriedade comunal da terra (os *ejidos*) e limitou os latifúndios.

Tal estrutura de terras comunais, herança da revolução, sofreu quatro duros golpes nas últimas décadas do século XX. Em primeiro lugar, as reformas dos anos 1990, que provocaram mudanças nas leis de terras e possibilitaram a comercialização das terras comunais e dos *ejidos*; em seguida, em 1999, a alteração da Lei Mineira, que deixou como preferencial e de "utilidade pública" o uso da terra e dos recursos naturais para a mineração, permitindo a expropriação em prol desses in-

EL PODER ES DEL
PUEBLO NO DEL
GOBIERNO

ENSEÑAR A CUIDAR EL
MEDIO AMBIENTE
ES ENSEÑAR A VALORAR
LA VIDA

teresses. Somada a isso, a possibilidade de entrada de capital estrangeiro nessas atividades em qualquer proporção. E, por fim, o ingresso do país no Nafta, que teve como consequência acabar com a soberania alimentar do país, ao inviabilizar a produção agrícola familiar em favor da importação de milho e trigo transgênicos de origem estadunidense, mais "vantajosos" economicamente.

Contudo, atualmente parte significativa das terras mexicanas ainda é propriedade comunal — 51,6% das terras pertencem aos *ejidos* e às comunidades. Grande parcela delas está ociosa, devido à inviabilização da agricultura familiar, somada aos ataques do extrativismo — seja dos latifúndios, seja das mineradoras. Os camponeses e os povos originários resistem com o lema "*el campo no aguanta más*" [o campo não aguenta mais] e "*sin maíz no hay país*" [sem milho não há país], em referência, respectivamente, à expropriação dos territórios e à necessidade de autossuficiência em alimentos básicos da cultura mexicana, como é o caso do milho.

Apesar de o extrativismo não ser um pilar econômico do México em termos de participação no PIB, isso não significa que ele não seja praticado em larga escala e que não utilize intensamente os recursos naturais. Em 2015, excluindo o petróleo, a mineração respondeu por 1% do PIB,[10] mas consumiu 4,1% da energia elétrica e utilizou água suficiente para abastecer 9,8% da população (Ramos, 2017). Tal uso intensivo e a ausência de um Estado que defenda os interesses básicos da população garantiram ao México, em janeiro de 2017, o posto de segundo país da América Latina com mais conflitos socioambientais, atrás apenas do Peru (OCMAL, 2019).

10 A participação da mineração no PIB mexicano em 2012 — ano em que o México atraiu mais investimento privado no setor — era de apenas 4,6% (Míguez, 2016, p. 57).

DESENVOLVIMENTO PARA QUEM? OU QUEM PERDE COM O EXTRATIVISMO?

De acordo com Armando Bartra, professor da Universidade Autônoma Metropolitana-Xochimilco, em conversa realizada durante o trabalho de campo desta pesquisa, a economia mexicana tem por base as *maquiladoras* mais do que o extrativismo. Assim, o país só poderia ser classificado como extrativista se por extrativismo considerássemos também a superexploração da força de trabalho. Se por um lado isso indica menor dependência em relação à exploração dos recursos naturais, por outro evidencia o predomínio dos interesses privados sobre os públicos, expresso pela aliança entre os grupos transnacionais de exploração do território e o seu componente institucional, o Estado mexicano.

Em meio a esse ambiente conflitivo, em 12 de março de 2013 parlamentares do PRI propuseram reformas na lei de mineração e na lei de coordenação fiscal para que as empresas mineradoras que atuam no país fossem obrigadas a destinar 5% dos lucros para a criação do Fondo de Aportaciones para el Desarrollo Regional Sustentable de Estados y Municipios Mineros [Fundo de Contribuições para o Desenvolvimento Regional Sustentável de Estados e Municípios Mineiros]. Contudo, as mudanças não foram aprovadas.

O fato é que as atividades extrativistas estão em expansão, promovendo conflitos com as terras comunais e os *ejidos*, e só não avançaram mais devido à resistência dos povos originários. Nesse sentido, os grupos que defendem o território ainda se opõem à expansão desenfreada e predatória do capital.

O declínio dos governos progressistas na América do Sul demonstra as consequências e os limites do extrativismo como base econômica, assentado em desigualdade, espoliação da terra e destruição da natureza. Em outras palavras, assiste-se à privatização dos ganhos e à socialização dos desastres sociais, ambientais, culturais.

O extrativismo, portanto, não apenas prejudica os camponeses e os povos originários; a sua lógica se opõe aos seus modos de vida, estranhos ao crescimento infinito e destrutivo da natureza. Com base no que os zapatistas denominam de "vida digna", almeja-se vida com qualidade na relação harmônica com a natureza, como parte integrante da própria existência. Tendo isso em vista, o debate sobre desenvolvimento econômico ganha outros contornos, para além do meramente econômico: quem são os beneficiados pelo desenvolvimento? Será que essa ótica não impõe um modo de vida excludente — justamente o contrário de outro lema zapatista: "por um mundo onde caibam muitos mundos"?

OS CONFLITOS PELO TERRITÓRIO NO MÉXICO: MINERAÇÃO

A mineração mexicana é primordialmente de ouro, prata, cobre, zinco e ferro. Atualmente, está em expansão, não somente pela ampliação da demanda de minérios pela indústria tecnológica, mas também devido à assinatura do Nafta em 1994. As alterações na lei de mineração permitiram que práticas como a extração a céu aberto (forma de exploração mais barata, precária e agressiva ao meio ambiente) fossem disseminadas por quase todo o território mexicano, deixando de se concentrar nas áreas tradicionalmente mineradoras do norte do país e se estendendo também ao sul, região marcada pela elevada presença de povos originários e da propriedade comunal da terra, o que amplia o número de conflitos territoriais e socioambientais.

Grande parte das transnacionais de mineração que operam no território mexicano é de capital canadense, apesar de ser considerada pelo Estado mexicano como "sociedades constituídas conforme as leis mexicanas". Também dois dos homens mais ricos do país — Carlos Slim (Minería Frisco) e Alberto Baillères (Grupo Peñoles) — têm investimentos no setor de mineração. Para ilustrar, existem concessões no país da Minera Cuzcatlán, filial da Fortuna Silver, em Oaxaca; Candymin S.A., filial de Gold Group Mining, que opera em Veracruz; e Blackfire Exploration México, filial de Blackfire Exploration Ltd., com operações em Chiapas, dentre tantas outras.

Para a extração de um grama de ouro são necessários 380 litros de água; 43,6 KW de eletricidade; extrair e mover quatro toneladas de rochas; e utilizar 850 gramas de cianeto de sódio, composto químico extremamente tóxico (Geocomunes, 2019).

Cabe ressaltar que os trabalhadores mineiros mexicanos ganham dezesseis vezes menos que os trabalhadores do mesmo setor nos Estados Unidos e no Canadá, e que a política fiscal do Estado mexicano é extremamente permissiva com a exploração mineira no país. Apesar de previsto no artigo 31 da Constituição, nenhum imposto é cobrado pelos lucros obtidos com as explorações.[11] As empresas somente pagam direitos pelas concessões outorgadas pelo Estado, que entre 2005 e 2010 representaram 1,2% do valor total da produção de minérios no México. Além disso, raramente sofrem qualquer tipo de responsabilização por possíveis (e recorrentes) desastres ambientais (López Bárcenas, 2017).

---

11 O Estado canadense cobra *royalties* da exploração das empresas mineiras entre 10% e 17%, além dos impostos regulares. Os únicos que não cobram *royalties* são o estado de Nevada, nos Estados Unidos, e o México, o que ajuda a explicar o interesse das transnacionais no país e o fato de que 97 milhões de hectares, ou 40% do território mexicano, estejam concedidos.

Acidentes como os que ocorreram recentemente em Mariana (2015) e em Brumadinho (2019), no Brasil, são frequentes no México. Ramos (2017) cita o derramamento de quarenta milhões de litros de sulfato de cobre acidulado, a contaminação dos rios Sonora e Bacanuchi, com o fechamento de centenas de poços de água, derramamento de soluções de cianeto e cobre, vazamentos de água freática das minas abandonadas, que podem ter alto teor de acidez e estarem contaminadas com metais pesados, além de incêndios em minas de carvão, emanações de monóxido de carbono, fraturas e colapsos de superfície da terra.

Tomemos como exemplo as 38 empresas mineradoras instaladas no estado de Oaxaca, com seus 41 projetos mineiros, envolvendo 322 títulos de outorga concedidos entre janeiro de 2002 e abril de 2016, os quais ocupam aproximadamente 5% do território do estado (Juicio Popular, 2018, pp. 14-5). Para muitos dos habitantes de Oaxaca, as mineradoras são uma verdadeira ameaça à identidade dos povos zapotecas e camponeses por aumentarem a violência e contaminarem aquíferos e áreas agricultáveis, com elevado risco à fauna e à flora silvestres. Membros de 52 comunidades de diversas regiões oaxaquenhas e diferentes povos indígenas resistem a esse processo por meio da organização do Tribunal Popular Comunitário contra o Estado e as Empresas Mineiras em Oaxaca, realizado em dezembro de 2018 com o objetivo de impedir as atividades extrativistas mineradoras no estado.

OS CONFLITOS PELO TERRITÓRIO NO MÉXICO: ESPOLIAÇÃO DA TERRA E "PROJETOS DE MORTE"

O extrativismo mexicano, contudo, não se resume à mineração. A água é também fundamental para a produção agroindustrial no país. Um caso que chama a atenção é o da produção de abacates em Michoacán. Nela, ocorre a expansão extrativista associada à economia criminal, que pôde ultrapassar as fronteiras do narcotráfico e se inserir em novas esferas econômicas. O *boom* da produção do abacate para a exportação depende da drenagem de água, além de estar acompanhado do aumento significativo dos níveis de violência e da precarização das relações de trabalho, sob a forma de subcontratos e trabalho por hora na região (Pérez, 2019). Nessa situação ilustram-se os laços entre o extrativismo e a violência, articulados à precarização do trabalho e à pobreza.

Também podemos citar os megaprojetos apelidados de "projetos de morte": grandes obras que envolvem montantes significativos de capital, tendo como consequência a remoção de populações locais, seja pela expropriação direta das terras, pelo seu encarecimento ou por impactos produzidos pelas obras, como a degradação dos recursos naturais e mudanças demográficas. Um caso emblemático é o projeto de construção do Novo Aeroporto Internacional da Cidade do México (NAIM), nas proximidades dos municípios de Texcoco, San Miguel Atepoxco, San Luís Tecuautitlán e San Pablo Tecalco, que seria o terceiro maior aeroporto do mundo (SCT, 2016 *apud* Sánchez, 2017, p. 249). A escolha dessa região para a construção do aeroporto, de acordo com Sánchez (2017), deve-se pela relação de interdependência existente entre a condição periférica dos municípios citados e a Cidade do México, por sua importância econômica e estrutural.

As comunidades dos municípios próximos, em sua maioria, são contra a instalação do aeroporto, pois acreditam que serão poucos os benefícios recebidos, em contraposição à crescente extração de seus recursos naturais, como a rocha tezontle, o aumento da contaminação, a perda de terras agricultáveis e a escassez de água (Sánchez, 2017). Acreditam também que poucos postos de trabalho serão destinados aos habitantes das comunidades, e que as maiores beneficiadas serão as pessoas vindas de outros locais.

Em outubro de 2018 foi realizada uma consulta nacional na qual 1.067.859 cidadãos votaram pela continuação do projeto de construção do aeroporto em Texcoco ou pela implantação de um plano alternativo, o do Aeroporto Internacional de Santa Lucía (AISL), próximo ao município de Zupango, ao norte da Cidade do México. A segunda opção teve a preferência de 69,95% dos votantes, segundo o informe de resultados do México Decide, iniciativa de consulta pública ligada ao governo de Andrés Manuel López Obrador. Essa proposta prevê ampliar a Base Aérea de Santa Lucía, acarretando um custo reduzido em relação à construção do NAIM, resultando em uma economia de aproximadamente 76% (Plan Maestro, 2018).

Assim como em relação ao NAIM, também há controvérsias em relação ao AISL. Segundo informe do Colégio de Engenheiros Civis do México, o novo aeroporto não acabaria com a saturação do grande fluxo de passageiros, cargas e trânsito aéreo (CICM, 2018). Para a entidade, a solução mais viável, no longo prazo, seria o projeto do NAIM, acompanhado da redução de custos. Porém, os argumentos contrários ao projeto de funcionamento concomitante do Aeroporto Benito Juárez e da Base de Santa Lucía não superam os que estão contra a implantação do NAIM, uma vez que este traria maiores impactos à vida das populações e do ecossistema local.

LÓPEZ OBRADOR DESAFIARÁ O EXTRATIVISMO?

Segundo o presidente mexicano, "estamos vivendo a época de maior roubo de recursos naturais da história do México". Uma de suas principais propostas para o "renascimento" do país consiste em destinar tudo o que se possa poupar para financiar o desenvolvimento mexicano.

Além da construção de duas novas pistas na Base Aérea de Santa Lucía, cancelando assim a construção do aeroporto no Lago Texcoco, López Obrador pretende gerar empregos com a construção de um corredor interoceânico econômico e comercial no Istmo de Tehuantepec, incluindo a ampliação dos portos de Salina Cruz e Coatzacoalcos, e a modernização das vias de trem de carga, a fim de conectar as costas do Oceano Pacífico ao Golfo do México, no Atlântico. Também há projetos para trens de grande velocidade até a fronteira com os Estados Unidos e, no sudeste do país, do Trem Maia, passando pelos estados de Chiapas, Tabasco, Campeche, Yucatán e Quintana Roo, com uma extensão de 1,5 mil quilômetros e um custo estimado em 150 bilhões de pesos, equivalente a trinta bilhões de reais, segundo a cotação vigente em agosto de 2019 (México Decide, 2018).

Contudo, o grande desafio e a possível contradição do novo governo, apesar de toda a euforia causada pelo discurso de um presidente que promete combater a corrupção e ser mais atento às demandas do povo, será conciliar os interesses de grandes mineradoras, construtoras e latifundiários, empresários com incentivos fiscais, leis trabalhistas frágeis, concessões do território etc. com as reivindicações populares em termos sociais, ambientais e econômicos. Em síntese, há uma contradição entre a denúncia do saqueio dos recursos naturais e o discurso de verniz desenvolvimentista de López Obrador.

Tanto o corredor econômico e comercial no Istmo de Tehuantepec quanto o projeto do Trem Maia são controversos, por serem projetados em uma região de riquezas naturais, alta concentração de povos indígenas e, ao mesmo tempo, próxima ao Golfo do México, local de exploração de petróleo. A intenção de conectar os dois oceanos certamente é facilitar o comércio com a Ásia, beneficiando não somente os empresários mexicanos, mas também as empresas mineradoras que estão em atividade nos estados do sul. Em suma, podemos presenciar mais um caso em que o saqueio de recursos naturais no continente latino-americano é justificado pela necessidade de desenvolvimento e "integração" para os mercados.

REFERÊNCIAS BIBLIOGRÁFICAS

ACOSTA, Alberto. *O Bem Viver: uma oportunidade para imaginar outros mundos*. São Paulo: Autonomia Literária/Elefante, 2016.

AZAMAR, Aleida & PONCE, José Ignacio. "Extractivismo y desarrollo: los recursos minerales en México", em *Revista Problemas del Desarrollo*, v. 179, n. 45, pp. 137–58, 5 jun. 2014.

CICM. Colegio de Ingenieros Civiles de México. "Resumen del dictamen del Colegio de Ingenieros Civiles de México sobre las opciones para la solución del problema de saturación del aeropuerto internacional de la Ciudad de México", set. 2018. Disponível em: <http://cicm.org.mx/wp-content/uploads/2018/09/020_DictamenCICM_Resumen-del-Dictamen.pdf >. Acesso em: 27 mar. 2019.

GEOCOMUNES. *Mapa del saqueo del oro en México*. Disponível em: <http://geocomunes.org>. Acesso em: 15 abr. 2019.

JUICIO POPULAR. "Informe: Juicio Popular Comunitário contra el Estado y las empresas mineras en Oaxaca", 11 e 12 out. 2018.

LANG, Miriam; DILGER, Gerhard & PEREIRA NETO, Jorge. *Des-*

colonizar o imaginário: debates sobre pós-extrativismo e alternativas ao desenvolvimento. São Paulo: Autonomia Literária/Elefante, 2016.

LÓPEZ BÁRCENAS, Francisco. *La vida o el mineral: los cuatro ciclos del despojo minero en México*. México: Akal, 2017.

MÉXICO DECIDE. "Resultados de la Consulta Nacional Nuevo Aeropuerto", out. 2018. Disponível em: <https://www.mexicodecide.com.mx/NAIM/resultados.html>. Acesso em: 12 abr. 2019.

MÍGUEZ, Susana Edith Rappo *et al*. *Problemáticas de la expansión minera: reflexiones desde México y Puebla*. Puebla: Educación y Cultura, 2016.

OCMAL. "Observatorio de Conflictos Mineros de América Latina". Disponível em: <https://www.ocmal.org>. Acesso em: 22 fev. 2019.

PÉREZ, David Marcial. "A maldição do abacate, um fruto da desigualdade no México", em *El País*, 4 fev. 2019. Disponível em: <https://brasil.elpais.com/brasil/2019/02/01/internacional/1549049608_676151.html>. Acesso em: 13 fev. 2019.

PLAN MAESTRO. Aeropuerto Internacional Santa Lucía, ago. 2018. Disponível em: <https://lopezobrador.org.mx/wp-content/uploads/2018/08/AISL_P05-11X17_ALL-04.pdf>. Acesso em: 12 abr. 2019.

PLEYERS, Geoffrey & ZEPEDA, Manuel Garza. *México en movimientos: resistencias y alternativas*. México: Universidad Autónoma Benito Juárez de Oaxaca, 2017.

RAMOS, Gian Carlo Delgado. "Del extractivismo minero en México, la defensa del territorio y las alternativas", em *Revista Voces en El Fênix: Las Venas Vacías en América Latina*, ano 8, n. 60, abr. de 2017.

REMA. Red Mexicana de Afectados por la Minería. Disponível em: <http://www.remamx.org/2018/12/el-escaramujo-83-la-ley-general-de-aguas-lga-y-los-decretos-de-levantamiento-de-veda-en-mexico/>. Acesso em: 19 fev. 2019.

SÁNCHEZ, Enrique Moreno. “Lo ambiental del nuevo aeropuerto internacional de la Ciudad de México, en Texcoco, Estado de México”, em *Letras Verdes*, n. 22, set. 2017, pp. 248–73.

TÉLLEZ RAMÍREZ, Isidro & SÁNCHEZ SALAZAR, María Teresa. “La expansión territorial de la minería mexicana durante el periodo 2000–2017. Una lectura desde el caso del estado de Morelos”, em *Investigaciones Geográficas*, n. 96, jul. 2018. Disponível em: <http://www.investigacionesgeograficas.unam.mx/index.php/rig/article/view/59607>. Acesso em: 19 fev. 2019.

TOURLIERE, Mathieu. “El país, una gigantesca concesión”, em *Proceso*, 23 ago. 2017. Disponível em: <https://www.proceso.com.mx/500030/pais-una-gigantesca-concesion-mapas>. Acesso em: 15 abr. 2019.

DE ONDE VEM A "GUERRA ÀS DROGAS" MEXICANA?

MILENA CUNHA
ACÁCIO AUGUSTO

O proibicionismo, desde o início, configurou-se como uma política internacional com decisivo protagonismo estadunidense. Por meio de uma mistura de moralismo puritano com interesse econômico capitalista, tornou-se, desde os anos 1970, o meio de interferência política e cultural dos Estados Unidos em outros países, especialmente na América Latina. Assim, sob o argumento de controlar o comércio de substâncias tornadas ilegais, o proibicionismo fez dos destacamentos repressivos estadunidenses uma polícia do planeta. No México, isso é ainda mais explícito. Ao mesmo tempo, no território do vizinho do norte, a proibição de drogas operacionaliza uma política de controle e segregação de minorias étnicas. Negros, chineses e *chicanos* são estigmatizados por associação a uma determinada substância proibida — os primeiros com a cocaína, os seguintes com o ópio e os últimos com a maconha.

No entanto, os protocolos internacionais de controle de substâncias tornadas proibidas remontam ao começo do século XX. A Conferência de Xangai, em 1909, realizada para discutir a limitação do comércio de ópio, ilegalizou o uso não medicamentoso dessa sustância. Na Conferência de Haia, em 1912, os países participantes assinaram acordos mais restritivos, que exigiam a adequação das legislações nacionais às proibições.

Em 1914, os Estados Unidos lançaram o Harrison Act como adesão às diretrizes internacionais de controle de substâncias ilícitas. O Volstead Act (1919), conhecido como "Lei Seca" por proibir a venda e o consumo de álcool, é o começo do proibicionismo, e durou até o final dos anos 1930. Pelos inúmeros filmes e pela história dessa época, podemos constatar que o proibicionismo contribuiu para a expansão de violência, repressão, controle social e negócios altamente lucrativos.

Esse foi o legado da Lei Seca: posteriormente, redirecionou-se o aparato repressivo de Estado para o combate de novos alvos, como a maconha e a cocaína (Rodrigues, 2008). Foi o primeiro sucesso da novela do proibicionismo para as políticas de controle, antes mesmo de virar o aríete securitário dos Estados Unidos e das democracias neoliberais.

A Convenção Única das Nações Unidas sobre Drogas, de 1961 (UNODC, 1961), é um marco internacional da novela proibicionista de hoje. Essa convenção tornou-se a referência dos países-membros para o tema das substâncias psicoativas tornadas ilícitas. Ela coincide com o período de grande experimentação de estados alterados da mente entre os movimentos jovens de contracultura, de contestação política e dos costumes burgueses e consumistas asssociados ao *American way of life* (Rodrigues, 2008), contra os quais a chamada guerra às drogas teve um papel decisivo. A partir daí se constrói a droga como o "inimigo número 1" da família, do Estado e da sociedade, como ressalta o discurso do presidente estadunidense Richard Nixon em 1971, quando cunhou o termo "guerra às drogas" (The Guardian, 2011). Com o ocaso da Guerra Fria, a declaração de guerra se mostrará um eficiente substituto à "ameaça comunista" na mobilização do aparato securitário.

Ultimamente, alguns pronunciamentos da ONU sugerem a revisão da guerra às drogas, admitindo seu fracasso.

Contudo, estamos longe do desmantelamento de todo aparato securitário erigido em quase cinquenta anos dessa guerra inútil. Inútil porque foi incapaz de atingir os objetivos anunciados. A própria ONU constata, em 2018, por meio do Relatório Mundial sobre Drogas do Escritório das Nações Unidas sobre Drogas e Crime (UNODC, 2018), que o abuso de ópio, cocaína e medicamentos sob prescrição atingiu níveis recordes. Mais um indício de que o sucesso da chamada guerra às drogas não está na produção da abstinência ou no banimento de certas substâncias, mas em seus efeitos não declarados de negócios, controle social e ativação de securitizações.

Em todo o mundo, a figura do traficante tem o status de inimigo perfeito. Uma ideia sintetizada pelo governador do Rio de Janeiro eleito em 2018, Wilson Witzel, autor da afirmação de que as forças de segurança devem eliminar "mirando na cabecinha". No Brasil, autoras como Maria Lúcia Karan (2007) defendem que tal figura veio para substituir os antigos inimigos políticos da ditadura civil-militar (1964–1985), enquanto Vera Malagutti Batista (2003) puxará esse fio desde índios e negros em tempos de colônia e escravidão. Destaca-se uma longa história do Estado contra uma parcela da população declarada indesejável.

Hoje, é claro que não há fracasso da guerra às drogas, como anunciam os ex-presidentes Fernando Henrique Cardoso e Bill Clinton, ou a ONU. O sucesso da guerra está na fabricação desse inimigo perfeito para a mobilização de forças securitárias. A ameaça constante da chamada violência urbana associada ao tráfico de drogas é o meio pelo qual se convence a população da necessidade de mais polícias, ações espetaculares, construção de presídios e leis mais duras que promovam uma verdadeira guerra contra os pobres. No Brasil, nos últimos trinta anos, ela serviu para criar a terceira maior população carcerária do planeta, que funciona como centro de recrutamento das facções criminosas. Mais recentemente, a guerra às drogas anima um processo de militarização, sendo a principal responsável pelos mais de sessenta mil homicídios anuais no país (Augusto, 2017). Trata-se de um processo de militarização que países como a Colômbia já conhecem desde 2000, com o Plan Colombia,[12] e o México, desde 2008, com a Iniciativa Mérida.

A chamada guerra às drogas, iniciada por Richard Nixon e intensificada por Ronald Reagan e todos os presidentes seguintes dos Estados Unidos, não é uma tragédia aos moldes dos gregos antigos — narrativa na qual um acontecimento do destino produz uma transformação nas forças políticas e sociais, reconfigurando a disposição das forças. Ela é um drama novelesco aos moldes da moderna cultura burguesa, na qual mocinhos e bandidos se debatem em torno de um dilema moral à espera de um protagonista salvador. É nesse drama que se encontra o México hoje.

REFERÊNCIAS BIBLIOGRÁFICAS

AUGUSTO, Acácio. "Abolição penal", em *Piseagrama*, n. 11, 2017, pp. 64-73.

BATISTA, Vera Malagutti. *Difíceis ganhos fáceis: drogas e juventude pobre no Rio de Janeiro*. Rio de Janeiro: Revan, 2003.

KARAN, Maria Lúcia. "Legislações proibicionistas em matéria

12 O Plan Colombia — também conhecido como Plan para la Paz y el Fortalecimiento del Estado ou Plan Colombia para la Paz — é um acordo bilateral assinado entre Estados Unidos e Colômbia com o objetivo oficial de pôr um fim ao conflito armado colombiano e combater o narcotráfico, inclusive com fumigações aéreas de cultivos de coca — o que trouxe uma série de consequências para camponeses e povos indígenas. Foi assinado em 1999, durante os governos de Bill Clinton e Andrés Pastrana, e promoveu a transferência de aproximadamente dez bilhões de dólares dos Estados Unidos à Colômbia entre 2001 e 2016 — ano em que os presidentes Barack Obama e Juan Manuel Santos anunciaram uma nova fase do Plan Colombia, denominada Paz Colombia. [N.E.]

de drogas e danos aos direitos fundamentais”, em *Verve*, n. 12, 2007, pp. 181–212.

RODRIGUES, Thiago. “Tráfico, guerra, proibição”, em LABATEM, Beatriz C. *et al.* (orgs.). *Drogas e cultura: novas perspectivas*. Salvador: EDUFBA, 2008, pp. 91–100.

THE GUARDIAN. “U.S. Government’s ‘War On Drugs’: Forty years have passed since Washington declared its ‘war on drugs’. We plunder our archives for coverage of it”, em *The Guardian*, 22 jul. 2011. Disponível em <https://www.theguardian.com/theguardian/from-the-archive-blog/2011/jul/22/drugs-trade-richard-nixon>. Acesso em 15 abr. 2019.

UNODC. United Nations Office on Drugs and Crime. 1961. Disponível em <https://www.unodc.org/unodc/index.html?ref=menutop>. Acesso em 15 abr. 2019.

______. “Relatório Mundial sobre Drogas 2018: crise de opioides, abuso de medicamentos sob prescrição; cocaína e ópio atingem níveis recordes”, 2018. Disponível em <https://www.unodc.org/lpo-brazil/pt/frontpage/2018/06/relatorio-mundial-drogas-2018.html>. Acesso em 15 abr. 2019.

POR QUE AS FORÇAS ARMADAS FAZEM SEGURANÇA PÚBLICA?

TARCIZIO RODRIGO DE SANTANA MELO

Em face de uma percepção de deficiência do poder público em prover segurança e da ausência de ameaça externa, há situações em que as forças armadas são demandadas pelos governantes e/ou pela população a auxiliarem nessa tarefa. No México, a intervenção no âmbito interno deixou de ser excepcional e tornou-se um padrão muito controverso.

As forças armadas do México estão divididas em dois ministérios: a Secretaria de Defesa Nacional, responsável pelo Exército e pela Força Aérea; e a Secretaria da Marinha. Tal estrutura acarreta uma sobreposição de deveres e de capacidades entre as forças, o que gera disputas por orçamento e prestígio.

Segundo dados do Banco Mundial, o México possuía 336.050 militares em serviço ativo em 2016 — um dos maiores contingentes do mundo. De acordo com o Instituto de Pesquisa de Estocolmo para a Paz Internacional, o México gastou 5,781 bilhões de dólares em despesas militares — equivalente a 0,5% do seu PIB e a 2,2% do orçamento federal, proporção abaixo de grande parte dos países da América Latina. O México consegue sustentar um efetivo desse tamanho com "baixo" investimento porque não possui meios bélicos mais complexos, como caças modernos, submarinos, tanques etc., uma vez que o foco é a segurança interna. Além disso, conta com o apoio do governo dos Estados Unidos, através do intercâmbio em academias militares, treinamento, doação e venda de equipamentos e inteligência.

A partir do governo de Felipe Calderón (2006–2012), as forças armadas passaram a ter como missão primária a segurança pública, o que significa em grande parte o combate a grupos criminosos — em especial o narcotráfico, aderindo à lógica de "guerra às drogas". Entre 2005 e 2006, foram adicionados 76 mil militares às fileiras mexicanas, representando um aumento de 37% no efetivo. Um olhar pouco detido pode entender tal aumento como uma convocação do presidente. Trata-se, na verdade, de mais um capítulo do uso das forças armadas mexicanas em diferentes contextos como instrumentos de dominação e repressão interna.

Por que as forças armadas fazem segurança pública no México? Múltiplos interesses as levaram à "guerra interna". Atores domésticos visam utilizá-las para controlar a nação, enquanto parte da população enxerga no braço armado do Estado uma forma de fazer frente contra o narcotráfico.[13] Nesse contexto, agentes das forças armadas lucram política e financeiramente, muitas vezes através de corrupção. Além disso, atores externos, como o governo dos Estados Unidos, utilizam a política de segurança como ferramenta de influência.

Em termos gerais, é possível elencar três períodos históricos para entender o recente papel das forças armadas do

13 Uma pesquisa realizada pelo Instituto Nacional de Estadística y Geografía chamada de *Encuesta Nacional de Victimización y Percepción sobre Seguridad Pública* indicou que, no ano de 2018, 88,2% da população confiava na Marinha e 84,2%, no Exército. Enquanto isso, os demais órgãos de segurança (como polícias federal, estaduais e municipais) e a justiça têm um índice de confiança que varia entre 42% e 66% (Inegi, 2018).

México: i) o período pós-Revolução Mexicana (1917-1945); ii) a Guerra Fria (1945-1991); e iii) a ascensão do neoliberalismo (a partir dos anos 1970 e 1980). As forças armadas — principalmente o Exército — foram diversas vezes atores de desestabilização do Estado mexicano, uma situação recorrente na história da América Latina. Segundo Lozoya (1970), após a Revolução Mexicana, a preocupação era diminuir o poder político do Exército submetendo-o ao poder civil e, ao mesmo tempo, capacitá-lo para conter revoltas, processo que avançou nos governos de Lázaro Cárdenas (1934-1940) e Manuel Ávila Camacho (1940-1946) — ambos de origem militar. A resposta naquele momento foi a manutenção de efetivos pequenos (com baixos orçamentos) e a profissionalização das tropas, além de um sistema de seguridade social para os militares e suas famílias. O Estado estabeleceu também o Corpo de Defesas Rurais, uma milícia composta por voluntários e submetida ao Exército para auxiliá-lo no controle do interior, e que também serviu como um instrumento de inteligência.

É relevante recordar que o México possui na fronteira norte a maior potência militar do planeta e, ao sul, estados de baixíssima expressão militar. Isso torna um cenário de guerra interestatal com os vizinhos extremamente improvável. Na Guerra Fria, dentro da esfera de influência dos Estados Unidos e com movimentos guerrilheiros revolucionários despontando na América Central e no Caribe, as forças armadas mexicanas foram empregadas nas chamadas "guerras sujas" contra esses movimentos no campo e nos centros urbanos do país, sobretudo nos anos 1970.

A guerra às drogas lançada por Richard Nixon (1969-1974) e levada a cabo por todos os governos desde então é pretexto para ingerências nas políticas de segurança pública de países latino-americanos, militarizando-as. O México tornou-se nas décadas seguintes a principal rota do narcotráfico para os Estados Unidos. Esse negócio ilícito e bilionário empurrou as forças armadas para o enfrentamento direto com os narcotraficantes, desencadeando uma escalada no conflito. Ao mesmo tempo, cresceu o descontentamento na população em função da ineficiência e da corrupção dentro das instituições, especialmente as polícias e a justiça, além de um aumento da violência.

Em 1994, o levantamento armado do Exército Zapatista de Libertação Nacional (EZLN) questionou ainda mais a atuação interna das forças armadas. Mas o governo decidiu endurecer ainda mais após a eleição de Felipe Calderón, que governou entre 2006 e 2012. Em 2008, as forças armadas foram colocadas em larga escala nas ruas, respaldadas pelos Estados Unidos por meio da Iniciativa Mérida, um autêntico plano de financiamento do conflito orçado à época em 1,4 bilhão de dólares, dos quais os grandes beneficiados foram as indústrias de equipamento militar dos próprios Estados Unidos. Entre 2006 e 2016, o México gastou cinquenta bilhões de dólares e contabilizou duzentos mil mortos com sua "guerra às drogas" (Lakhani, 2016).

Recentemente, a situação se deteriorou. Tentativas como a Lei de Segurança Interna, do presidente Peña Nieto (2012-2018), declarada inconstitucional, e a criação da Guarda Nacional, proposta pelo presidente Andrés Manuel López Obrador, são acusadas de respaldar ainda mais a militarização da segurança pública no país. A Guarda Nacional foi aprovada pelo Congresso no dia 28 de março de 2019, e no dia 11 de abril do mesmo ano foi anunciado que um general estará à frente da nova instituição. Tal anúncio evidencia o caráter dúbio da postura de López Obrador. Apesar de seu declarado aspecto "civil", a proposta apresenta contradições, como um general no comando, e treinamento de pessoal sob responsabilidade conjunta das duas secretarias incumbidas das forças armadas. Instituições militares são concebidas para formar militares, não civis. A proposta de López Obrador apenas reafirma a militarização da segurança pública mexicana, legitimando institucionalmente o emprego das forças nas ruas. Na prática, são pessoas formadas por elas, mas que não compõem seus efetivos.

Nesse contexto, cabem muitas dúvidas sobre como se dará a gerência civil, já que as funções primordiais serão executadas por militares. Ao que parece, não será na gestão López Obrador que o envolvimento das forças armadas do México na segurança pública se encerrará.

REFERÊNCIAS BIBLIOGRÁFICAS

ESCAMILLA, Juan Ortiz (org.). *Guerra*. México: Secretaría de Cultura, 2018.

INEGI. *Encuesta Nacional de Victimización y Percepción sobre Seguridad Pública (ENVIPE)*. Disponível em: <http://www.beta.inegi.org.mx/contenidos/saladeprensa/boletines/2018/EstSegPub/envipe2018_09.pdf>. Acesso em: 12 abr. 2019.

LAKHANI, Nina. "México y su guerra contra el narco: diez años, 50.000 millones de dólares y más de 200.000 cadáveres", em *El Diario*, 9 dez. 2016. Disponível em: <https://www.eldiario.es/theguardian/guerra-drogas-Mexico-cumple--conseguido_0_588991414.html>. Acesso em: 12 abr. 2019.

LOZOYA, Jorge Alberto. *El Ejército Mexicano (1911-1965)*. México: El Colegio de México, 1970.

SIPRI. "World military spending in 2017 was $1.74 trillion". Disponível em: <visuals.sipri.org/>. Acesso em: 21 jan. 2019.

WORLD BANK. "Total personal de las fuerzas armadas". Disponível em: <http://datos.bancomundial.org/indicator/MS.MIL.TOTL.P1?end=2016&locations=MX&name_desc=false&start=1994&view=chart>. Acesso em: 21 jan. 2019.

QUAL A RELAÇÃO DO ESTADO COM A ECONOMIA CRIMINAL?

DAVID BARRIOS RODRÍGUEZ

A atualidade mexicana é sugestiva para repensar a relação entre o Estado e aquilo que, tendo surgido como narcotráfico, agora é conveniente denominar como economia criminal, em virtude de sua diversificação no início do século XXI. O México foi considerado uma das formações estatais mais sólidas do continente e, por isso, a centralidade que os tráficos ilícitos adquiriram no país serve para nos aproximarmos, de outra forma, da crise contemporânea dos estados na região.

Em anos recentes, a incapacidade do Estado mexicano de controlar o território do país o levou a ser categorizado como "falido". Isso contrasta com o histórico do regime do PRI, que governou o México entre 1929 e 2000, caracterizado como especialmente estável durante o século XX, imagem que merece ser matizada. A conflitividade social no país contou com momentos de pico, se considerarmos os levantes posteriores à Revolução Mexicana; a guerra conhecida como Cristiada (1926–1929); episódios de guerra contrainsurgente; e, mais recentemente, o levante do EZLN. Para além de tais elementos, é pertinente distanciar-nos das versões contratualistas da teoria política e do senso comum, que constituem uma mitologia que oculta os processos de violência associados à construção, consolidação ou reforma do Estado.

Não obstante, é preciso salientar que as transformações ocorridas a partir das últimas décadas do século XX são inquestionáveis. A "fragmentação do Estado" e sua imbricação com as estruturas da economia criminal ilegal podem ser identificadas em acontecimentos pontuais, sendo um dos mais eloquentes o massacre de Iguala e a desaparição de 43 estudantes de Ayotzinapa, discutidos mais adiante neste livro.

No entanto, é necessário observar que a conformação do Estado mexicano não é homogênea, o que significa que as atividades relacionadas à produção e ao tráfico de entorpecentes se desenvolveram ao longo do século XX em determinadas regiões. É ainda mais importante reconhecer que o Estado exerceu, durante décadas, uma relação de tutela sobre as atividades de produção e tráfico de entorpecentes, que funcionava de maneira quase harmônica, se vista com lentes atuais.

Uma periodização nos permite estabelecer a evolução da problemática. Em um primeiro momento, o Estado mexicano controlou e dominou essa relação exercendo efetivamente a soberania (1945-1985). Disso resultou uma situação em que as organizações mais poderosas do tráfico questionaram o poderio estatal, praticando, além disso, altos níveis de violência (1985-2010). No período atual, observa-se uma importante fragmentação da capacidade soberana do Estado, com uma multiplicação de atores armados, que incluem as estruturas militarizadas dos cartéis (Pansters, 2014, pp. 94-7). Em todos esses momentos é também notória a intervenção dos Estados Unidos, que fomentou os mecanismos coercitivos no tratamento da problemática.

Sobre esse processo interessa destacar o período que vai desde o final da Segunda Guerra Mundial até meados da década de 1980, quando podemos reconhecer um claro controle estatal e um impulso sobre as ditas atividades. Especialmente importante foi a Procuradoria Geral da República (PGR) e, dentro desta, a polícia política, chamada Direção Federal de Segurança (DFS), responsável por levar a cabo, além das tarefas de repressão da dissidência, a centralização das atividades de produção e tráfico de entorpecentes (Pansters, 2014, p. 100).

Essa relação se manteve estável, com base no apoio dos Estados Unidos, até a década de 1980. Mesmo que a imbricação histórica entre narcotráfico e Estado priísta hoje seja considerada quase óbvia, vale ressaltar que essa cooperação ocorria no mais alto escalão, envolvendo encarregados da polícia política, secretários de Defesa, familiares de presidentes em exercício e outros secretários de governo.

Nas últimas décadas do século XX, a renovada política de perseguição do tráfico ilícito implicou uma reestruturação das rotas, da relação entre os organizadores do tráfico e o Estado — também das formas de violência. Nesse processo, a cocaína passou a ocupar um papel central. Eventos pontuais, como o assassinato no México do agente do departamento de combate às drogas dos Estados Unidos (DEA, na sigla em inglês) Kiki Camarena, em 1985, revelaram os vínculos entre os líderes do tráfico e os funcionários do Estado, o que modificou as relações de proteção preexistentes. A partir desse momento, encerrou-se o ciclo de relativa estabilidade e se inaugurou aquele caracterizado pela "dupla pluralização, descentralização e fragmentação" — isto é, no interior do Estado e do mundo do crime organizado (Pansters, 2014, p. 105).

Essa alteração nos anos 1980 teve repercussões de alto impacto, especialmente no que se refere à distribuição territorial das organizações do tráfico. Sobressaem-se nesse momento três organizações originadas de uma matriz fragmentada e com "sede" no Pacífico mexicano (Sinaloa, Tijuana e Ciudad Juárez); assim como a outra, também de longa trajetória, que controlava o Golfo do México. A partir de então, essas facções desencadearam disputas junto a grupos de escala mais local.

Tal processo aumentou os níveis de violência associada ao narcotráfico — reflexo da aquisição ou do fortalecimento dos componentes militares dessas organizações, resultando em um período de preparação para uma confrontação qualitativamente diferente da observada até então. Chama a atenção o recrutamento, pelo chamado Cartel do Golfo, de integrantes de elite do Exército mexicano — o Aeromóvil de Fuerzas Especiales (GAFE) e o Anfibio de Fuerzas Especiales (GANFES) (Lagos, 2014, pp. 164–5). Esse grupo seria posteriormente conhecido como Los Zetas, ao qual se atribui o papel de inovar e dinamizar as rendas ilegais, entre elas a cobrança por proteção (Correa-Cabrera, 2018). Segundo versões da imprensa a partir de informações da Procuradoria Geral da República, em meados da década passada ingressaram no conflito gangues dos Estados Unidos, Kaibiles e Zetas, Mara Salvatrucha e um corpo de ex-militares conhecidos como Los Pelones (Nájar, 2006). Outra perspectiva destaca como evidência de tal incorporação a proliferação de decapitações e mutilações, como resultado de um treinamento especializado (Arteaga, 2009).

Esse último processo ocorreu no intervalo entre os governos do PAN (2000–2012), com Vicente Fox e Felipe Calderón, e a volta do PRI ao governo federal, com Enrique Peña Nieto. A estratégia de segurança pública lançada desde então se mostrou ineficaz e gerou um dos períodos mais violentos da história do país.

Em conclusão, a descentralização e a fragmentação do Estado e das estruturas da economia criminal ilegal não impediram poderosos vínculos entre ambos. Um sintoma eloquente desse processo é a pulverização de grupos que haviam iniciado suas atividades no narcotráfico, e que depois as diversificaram. Estima-se que, de oito cartéis em funcionamento no início de 2006, chegou-se a mais de trezentos em 2018 (Ellis, 2018). Considerar esses elementos é um primeiro passo para entender a complexidade das transformações por que passou o cenário social mexicano, mesmo que não possamos vê-las claramente por enquanto.

REFERÊNCIAS BIBLIOGRÁFICAS

ARTEAGA BOTELLO, Nelson. "Decapitaciones y mutilaciones en el México contemporaneo", em *Espacio Abierto*, v. 18, n. 3, jul-set. 2009, pp. 463-86.

CORREA-CABRERA, Guadalupe. *Los Zetas Inc. La corporación delictiva que funciona como empresa transnacional.* México: Planeta, 2018.

ELLIS, Evan. "Mexico's Fight against Transnational Organized Crime", em *Military Review*, Army University Press, jul-ago. 2018, pp. 110-22.

LAGOS, Velasco Ramsés. *Contrainsurgencia en América del Norte. Influjo de Estados Unidos en la guerra contra el EZLN y el EPR, 1994-2012.* México: El Colegio de Michoacán, 2014.

NÁJAR, Alberto. "La sangre que falta por correr", em *La Jornada*, 8 jan. 2006.

PANSTERS, Wil. "Del control centralizado a la soberanía fragmentada: narcotráfico y Estado en México", em MÍGUEZ, Daniel; MISSE, Michel & ISLA, Alejandro. *Estado y crimen organizado en América Latina.* Buenos Aires: Araucaria, 2014.

GUERRA ÀS DROGAS: O FIM DA NOVELA OU UM NOVO CAPÍTULO?

MILENA CUNHA
ACÁCIO AUGUSTO

> *Desta guerra não resultam apenas milhares de mortos e importantes ganhos econômicos. Também, e sobretudo, vai resultar uma nação destruída, despovoada, irremediavelmente quebrada.*
>
> — Carta enviada pelo Subcomandante Marcos, do EZLN, a Luís Villoro em 2011, após dois anos de silêncio

Depois de mais de uma década de intensificação da militarização no combate ao narcotráfico, estratégia associada à Iniciativa Mérida, o atual governo mexicano liderado por López Obrador surge com uma nova declaração: o fim da guerra às drogas e a criação de uma Guarda Nacional. O argumento sugere a mudança de foco da segurança pública para um método de prevenção, em detrimento de um ataque direto aos cartéis. Em vista disso, surgem questionamentos e críticas acerca do novo projeto, que poderia ser, na verdade, uma militarização permanente no país.

O México tem sido considerado um problema para a estabilidade dos Estados Unidos desde a guerra às drogas inaugurada por Richard Nixon. Essa preocupação foi acentuada com os atentados de 11 de setembro de 2001, que deu uma dimensão mais ampla à segurança, no sentido de frisar, dentro da agenda internacional, a temática de guerra às drogas e do terrorismo transnacional. Contudo, foi nas eleições de 2006 que o tema recebeu amplo destaque no México.

Felipe Calderón ganhou as eleições de 2006 com legitimidade questionável em função das denúncias de fraude eleitoral — fenômeno recorrente no México —, mas também em razão do desequilíbrio econômico e dos conflitos com os Estados Unidos acerca do avanço do chamado narcotráfico na fronteira norte do país. Nesse contexto irromperam grandes manifestações de forças sistêmicas, bem como antissistêmicas, como o caso da Otra Campaña [Outra campanha] organizada pelo EZLN, que buscava escutar o povo mexicano *abajo y a la izquierda* [desde baixo e à esquerda].

Diante desse panorama, Calderón optou por promover uma intensa campanha antinarco, mobilizando as forças armadas com o apoio dos Estados Unidos na tentativa de desviar a atenção dada à sua posse, mudando o foco para os temas do tráfico de drogas e do fortalecimento das instituições, em especial a polícia e o Exército. A Iniciativa Mérida foi uma cartada do presidente ante sua legitimidade questionada, que, em contrapartida, encontrou pronto apoio de George W. Bush, presidente dos Estados Unidos.

A Iniciativa Mérida foi anunciada no dia 22 de outubro de 2007 e contou com auxílio financeiro estadunidense de 1,4 bilhão de dólares, que seria liberado ao longo dos três anos seguintes. Antes do projeto, o país repassava em torno de quarenta milhões por ano ao governo mexicano com a rubrica de combate ao crime transterritorial. Essa iniciativa marca também uma mudança de foco dos Estados Unidos em ações bilaterais de combate ao tráfico: depois do Plan Colombia, fica clara a transferência de prioridade para o México. A assinatura do novo acordo bilateral também visava à América Central, por meio da Iniciativa Regional de Segurança para a América Central, firmada quatro anos depois.

A justificativa inicial foi que o avanço do chamado narcotráfico na fronteira compartilhada pelos dois países afetaria os interesses e a segurança (interna e externa) dos Estados Unidos. Por isso, o acordo teria como objetivo um apoio logístico e financeiro para fortalecer as instituições mexicanas a partir do compartilhamento de tecnologias de segurança e monitoramento. Outro objetivo anunciado foi a reformulação do sistema de justiça mexicano para interferir nos cartéis de droga, a fim de desmantelar seu poder e diminuir a demanda por narcóticos. Diferentemente do Plan Colombia, a redação da Iniciativa Mérida não contava com atuação militar direta dos Estados Unidos em território mexicano.

Amparado no discurso de "guerra às drogas" e "promoção da segurança", Calderón buscou reparar a crise de legitimidade no início de seu mandato. Em última análise, permitia-se controlar a sociedade através do terror e do medo, criando condições para tornar o México mais flexível para a expansão capitalista, tanto territorial quanto social. Reformas estruturais e jurídicas que instrumentalizam uma combinação entre legislação (Estado) e terror (forças armadas e cartéis de drogas) aceleram o acesso do capitalismo globalizado — por exemplo, no setor de mineração.

As consequências da estratégia calderonista, aprofundada por seu sucessor, Enrique Peña Nieto, foram uma forte militarização, a expansão e a fragmentação dos cartéis mexicanos de drogas (como os quatro grandes cartéis de Jalisco, Golfo, Sinaloa e Tijuana, que, após a guerra às drogas, se desmontaram em cerca de setenta novos grupos criminais), junto a uma maior dinamização e diversificação da economia criminal, envolvendo não somente o mercado de narcóticos, mas também tráfico de pessoas e de armas, lavagem de dinheiro e pirataria — além de um aumento de homicídios e da violência em geral (Paley, 2018, p. 27).

Aponta-se que, desde dezembro de 2006, mais de 150 mil pessoas foram assassinadas, enquanto os meios de comunicação de massa declaram que a guerra às drogas deixou até 2014 sessenta mil vítimas. Ambos os dados são questionáveis, pois somente cerca de 5% dos crimes no México são investigados. Além disso, muitos corpos são depositados em valas comuns ou dissolvidos com ácidos, como indicam grupos de defesa dos direitos humanos (Paley, 2018, pp. 23-4).

Observa-se que os níveis de homicídio se elevaram no período de maior atuação dos Estados Unidos, passando de 10.452 em 2006, para mais de 25 mil mortos em 2010 e 27 mil em 2011. Vale ressaltar, também, que se registraram 42.300 desaparecidos e 105.682 sequestros em 2012, de acordo com o Instituto Nacional de Estatística e Geografia (Inegi). No entanto, menos de 2% dos casos foram denunciados às autoridades. A Comissão Nacional de Direitos Humanos (CNDH) registrou 9.758 migrantes sequestrados de setembro de 2008 a fevereiro de 2009, e acredita-se que, desde 2006, o número de estrangeiros desaparecidos supere os setenta mil (Paley, 2018, p. 24). Em paralelo ao aumento da atenção e dos gastos em segurança, a violência é expandida no México.

Diante das relações complexas envolvendo cartéis de drogas, Estado, economia legal e ilegal, paramilitares, violência e segurança pública, López Obrador venceu as eleições propondo um novo rumo ao país. Em seu discurso de posse no Zócalo, a praça principal da Cidade do México, em 1º de dezembro de 2018, foi possível observar a grande quantidade de mexicanos com olhos esperançosos durante a fala do novo representante. No palco montado, o presidente, ao lado de representantes dos povos originários, prometeu se reunir com o gabinete de segurança para trazer paz e tranquilidade ao país. Disse também que, caso aprovado pelo povo e pelo Congresso, o governo criaria uma Guarda Nacional para garantir a segurança. Cerca de dois meses depois, López Obrador reiterou, em pronunciamento oficial, a decisão de "encerrar" a guerra às drogas no México.

Apesar do discurso pacifista, fortalecido pelo Plano Nacional de Paz e Segurança, López Obrador permanece comprometido com uma forte atuação das forças armadas na segurança pública, prevendo que os militares do Exército e da Marinha sejam integrados ao controverso projeto da Guarda Nacional. Intenciona-se atingir, inicialmente, 150 regiões e, por fim, 266 zonas, conforme o comunicado nº 199 do governo mexicano.

A estratégia foi organizada pelo secretário de Defesa, general Luis Crescencio Sandoval, acusado de omissão em assassinatos do grupo paramilitar Los Zetas em Piedras Negras e Allende, no estado de Coahuila, em 2011 e 2012. Implica reformular a Constituição mexicana a fim de permitir a atuação de militares na vida política. Também prevê a convocação de cerca de cinquenta mil novos membros em um período de três a quatro anos, contradizendo a promessa de retirada das armas das ruas e o bordão da candidatura "*abrazos, no balazos*" [abraços, não balas]. Nos primeiros meses do governo foram integrados 35.745 efetivos para compor a Guarda Nacional.

Nesse cenário, colocam-se duas perguntas: é possível acabar com o narcotráfico através do Estado, com a criação de mais uma força securitária? Quais os verdadeiros alvo e objetivo da guerra às drogas? Partindo das análises de Fréderic Grós (2009), a guerra passa a ter uma caracterização moderna, deixando de ser encarada somente como resultado dos anseios estatais (um conflito armado, público e justo, segundo a definição jurídica), mas conquista um papel mais amplo no âmbito da segurança internacional como *estados de violência* difusos. Nesse sentido, a guerra deixa de ser praticada somente pelo combate de forças estatais opostas e encontra-se em um campo de indeterminação, no sentido de que começa a ser articulada a uma barbarização que envolve o ataque sistemático à população civil, desregulamentações e criminalidade.

Para tais elementos serem articulados é necessário a formação de um inimigo interno, como o narcotráfico, que na realidade mexicana está relacionado tanto à economia nacional quanto aos índices de violência, além de ser o grande motor da percepção de insegurança pública. Daí que muitos pesquisadores e jornalistas mexicanos constatem que o fracasso das políticas antinarcóticos anteriormente executadas foi proposital. Coloca-se o Estado no centro da produção de violência, justamente porque o seu objetivo não é a contenção do narcotráfico, mas o desenvolvimento de uma política de terror capaz de infiltrar a sociedade e controlá-la, além de conquistar novos territórios e incentivar ganhos econômicos legais (indústria do controle do crime) e ilegais (o mercado dos ilegalismos).

Portanto, em uma "guerra às drogas" na qual o alvo é a população civil, é importante questionar o que significa a promessa de López Obrador quando diz que pretende suspender a guerra e, ao mesmo tempo, anuncia a criação de mais uma força de segurança. O México é um exemplo claro dos efeitos dessa guerra, com inúmeras denúncias de violência institucional por parte das autoridades policiais e das forças armadas mexicanas, em meio a um processo de militarização da sociedade e naturalização do controle social violento, no qual forças estatais e as ditas forças criminosas se encontram e se mesclam.

A declaração de López Obrador quanto ao fim da guerra às drogas é precipitada e imprecisa, considerando a magnitude da situação. Apesar de o presidente propor um "Exército da Paz", a sugestão de uma Guarda Nacional tem sido bastante criticada, além de ser impopular. Afinal, é questionável se milhares de soldados, ao assumirem funções de polícia civil sob comando militar, poderão corresponder ao seu discurso pacifista. Seguindo uma tradição de séculos na América, o que se produzirá com isso é mais *pacificação* — ou seja, continuidade do extermínio.

Assim como o aparato securitário montado durante a Lei Seca nos Estados Unidos apenas mudou de alvo, não haverá paz sem desativação dos dispositivos securitários no México. O discurso de López Obrador, ao não colocar isso de forma clara, atualiza uma velha tática estatal: falar de paz enquanto se faz surdamente a guerra. Sem um processo de descriminalização das substâncias tornadas ilícitas, uma política de desencarceramento e, sobretudo em países como o México, uma ampla responsabilização de políticos e militares envolvidos em execuções, desaparecimentos e corrupção dos meios de representação política, não haverá fim para a guerra às drogas. Mesmo porque os negócios dos cartéis não se resumem ao comércio ilegal de substâncias tornadas ilícitas. Eis a positividade da proibição.

Seja no México, no Brasil ou na Colômbia, sem um amplo processo de revisão da chamada guerra às drogas como política de segurança internacional, o máximo que teremos, a despeito de toda a boa vontade que possa ter López Obrador, é um novo capítulo dessa novela latina, na qual quem se vê numa sangria desatada (sem metáfora) são os pobres, os negros e os povos nativos de *nuestra América*.

REFERÊNCIAS BIBLIOGRÁFICAS

FAZIO, Carlos. "Sobre la Guardia Nacional", em *La Jornada*, 14 jan. 2019.

GRÓS, Frédéric. *Estados de violência: ensaio sobre o fim da guerra*. São Paulo: Ideias & Letras, 2009.

MARTÍN, Rubén & ESTRADA, Jesús. "Entrevista com Carlos Fazio: lós proyectos de AMLO (también) sirven a la geopolítica de

EU", em *Cosa Pública 2.0*, Radio Universidad de Guadalajara, dez. 2018.

MÉXICO. Centro de Documentación Información y Análisis. "Iniciativa Mérida: Compendio." 2008. Disponível em: <http://www.diputados.gob.mx/sedia/sia/spe/SPE-CI-A-02-08.pdf>. Acesso em: 6 abr. 2019.

______. Presidencia de la República. "Comunicado 049: Presidente López Obrador convoca a jóvenes mexicanos a formar parte de la Guardia Nacional." 2019. Disponível em: <https://www.gob.mx/presidencia/prensa/presidente-lopez-obrador-convoca-a-jovenes-mexicanos-a-formar-parte-de-la-guardia-nacional>. Acesso em: 6 abr. 2019.

______. Presidencia de la República. "Comunicado 199: En Tijuana, presidente López Obrador presenta resultados de Estrategia de Protección Ciudadana." 2019. Disponível em: <https://www.gob.mx/presidencia/prensa/en-tijuana-presidente-lopez-obrador-presenta-resultados-de-estrategia-de-proteccion-ciudadana?idiom=es>. Acesso em: 6 abr. 2019.

PALEY, Dawn Marie. *Capitalismo antidrogas: una guerra contra el pueblo*. México: Sociedad Comunitaria de Estudios Estratégicos/Libertad bajo palabra, 2018.

SUBCOMANDANTE INSURGENTE MARCOS (Ejército Zapatista de Liberación Nacional, México). "Carta primera (completa) del SCI Marcos a Don Luis Villoro", jan.-fev. 2011. Disponível em: <https://enlacezapatista.ezln.org.mx/2011/03/09/apuntes-sobre-las-guerras-carta-primera-completa-del-sci-marcos-a-don-luis-villoro-inicio-del-intercambio-epistolar-sobre-etica-y-politica-enero-febrero-de-2011/>. Acesso em: 15 abr. 2019.

O QUE ACONTECEU COM OS 43 ESTUDANTES DESAPARECIDOS DE AYOTZINAPA?

GISLAINE AMARAL SILVA
PATRICIA SPOSITO MECHI

Na tarde de 1º de dezembro de 2018, durante o discurso de posse do presidente eleito Andrés Manuel López Obrador, a multidão inconformada, mas também esperançosa, contava "um, dois, três [...] quarenta e um, quarenta e dois, quarenta e três: JUSTIÇA!". Referiam-se ao desaparecimento de 43 estudantes da Escola Normal Rural Raul Isidro Burgos, em Ayotzinapa, no estado de Guerrero. O Massacre de Iguala, como ficou conhecido, ocorreu em 26 de setembro de 2014, quando os jovens se dirigiam à Cidade do México para participar das manifestações de 2 de outubro e rememorar outros estudantes que foram massacrados e vítimas de desaparecimento forçado em 1968, no Massacre de Tlatelolco.

O crime contra os 43 estudantes tornou-se emblemático e representativo da violência a que está submetido o povo mexicano, pois tratou-se de um crime cuja exigência de esclarecimento extrapolou o apelo dos amigos e familiares das vítimas, tornando-se bandeira de diversos movimentos sociais no México e internacionalmente. Ficaram ainda mais evidentes as já conhecidas relações entre o Estado mexicano e o crime organizado. Segundo o presidente da Comissão Nacional de Direitos Humanos (CNDH), Raúl González, existem hoje aproximadamente trinta mil mexicanos desaparecidos — número que pode ser maior, pois em muitos estados o crime de desaparecimento forçado ainda não está tipificado e sua ocorrência é enquadrada em outras categorias.

A diversificação dos negócios do narcotráfico, sobretudo nos estados de Michoacán, Vera Cruz, Sinaloa, Tamaulipas e Guerrero (onde desapareceram os 43 estudantes), e sua imbricação na economia e na política local muitas vezes implicaram a destinação dos recursos públicos a grupos criminosos através da corrupção e da violência estatal, além de aumentar o número de homicídios e desaparecimentos no país.

A crise do Estado mexicano na área da segurança agravou as violações dos direitos humanos. As denúncias envolvem investigações e detenções arbitrárias, muitas vezes tendo a tortura como método, além dos desaparecimentos forçados, que atingem não apenas as vítimas, mas também as famílias e a sociedade em geral. Trata-se de um crime continuado, um ciclo que não se fecha, vetando o necessário luto àqueles que perderam seus entes queridos, com traumas pessoais e sociais.

O desaparecimento forçado é um tipo particularmente cruel de violação dos direitos humanos, bastante utilizado pelas ditaduras na América Latina durante os anos de 1960 e de 1970. Foi conceituado pela primeira vez em 1979, na Convenção Interamericana sobre o Desaparecimento Forçado de Pessoas, nos seguintes termos:

> a privação da liberdade de uma ou mais pessoas, qualquer que seja sua forma, cometida por agentes do Estado ou por pessoas ou grupos de pessoas que atuem com a autorização, o apoio ou

a aquiescência do Estado, seguida da falta de informação ou da negativa em reconhecer tal privação de liberdade ou de informar sobre o paradeiro da pessoa, com o qual se impede o exercício dos recursos legais e das garantias processuais pertinentes.

O CRIME EM IGUALA

Em 26 de setembro de 2014, cerca de oitenta estudantes de Ayotzinapa se dirigiam à capital do país com a intenção de participar das manifestações em memória dos estudantes massacrados na Praça de Tlatelolco, em 1968. Nota-se na história do México, assim como na de muitos países da América Latina, uma forte tradição de resistência dos movimentos estudantis aos governos autoritários, ou mesmo a governos considerados democráticos, mas que atuam na contramão dos interesses populares. Esses estudantes, contudo, repetidas vezes são tratados pelo Estado como um inimigo a ser combatido. O caso de Ayotzinapa é um exemplo da união dos estudantes, da resistência, da responsabilidade civil e democrática e da memória que mantêm viva aqueles que resistiram e lutaram antes.

Durante o percurso, na cidade de Iguala, os estudantes tomaram cinco ônibus e pouco depois foram atacados pela polícia municipal de Iguala, Cocula e Huitzuco, pela polícia ministerial e por patrulhas federais. É um acontecimento comum no México que jovens "sequestrem" ônibus para participar de manifestações de longa distância, já que não possuem os recursos financeiros para fazê-lo por conta própria. Esse é um fato sabido pela comunidade e pelas empresas de ônibus, que muitas vezes estão preparadas para tais eventos. Tudo ocorre sem agressões e, ao final das manifestações, os ônibus são devolvidos intactos. No primeiro ataque das autoridades, três estudantes ficaram feridos. Um deles, Aldo Gutierréz Solano, recebeu um tiro na cabeça e está em coma desde então; entre vinte e trinta estudantes foram detidos e estão desaparecidos. Em outro ponto da cidade, um segundo ônibus do grupo também foi atacado e registraram-se mais desaparecimentos.

Os estudantes que permaneceram no local do primeiro ataque, tentando proteger as provas da violência que sofreram, não foram auxiliados por nenhuma agência governamental. Para o local dirigiram-se professores e jornalistas que souberam do ocorrido. O efetivo de uma unidade militar, situada a poucos metros de onde ocorreu o confronto, não apareceu. Algumas horas depois, ainda guardando a cena do ataque, os estudantes faziam uma entrevista coletiva quando foram novamente atacados por homens fortemente armados e não identificados. Nesse ataque foram assassinados Daniel Solis Gallardo e Julio Cesar Nava; outro estudante, Edgar Andrés Vargas, foi gravemente ferido.

Simultaneamente aos ataques, outras ofensivas ocorriam no vilarejo de Santa Tereza, vinte quilômetros ao sul de Iguala, por grupos não identificados. Durante os ataques aos ônibus foram atingidos dois táxis, e a passageira de um deles, Blanca Montiel, foi assassinada. Naquela noite foram atacados ainda um caminhão de mercadorias e um ônibus que transportava os jogadores do time de futebol Los Avispones. Oito jogadores foram feridos e um deles, David Josué Evangelista, morreu. O motorista do ônibus, Victor Manuel Lugo Ortiz, foi ferido e faleceu horas depois, no hospital.

Apenas no dia seguinte é que os estudantes que escaparam com vida perceberam que 43 de seus companheiros haviam desaparecido.

A INVESTIGAÇÃO DO GOVERNO

A investigação do Ministério Público do estado de Guerrero constatou o envolvimento de diversas instâncias policiais, incluindo a Polícia Federal e o 27º Batalhão de Infantaria de Iguala, de onde foi possível captar sinal de celular de um dos estudantes desaparecidos. Contudo, os militares chegaram a impedir a apuração do Ministério Público. A Procuradoria Geral da República (PGR) retirou o caso da competência de Guerrero e o tomou para si. Por sua vez, averiguou que não apenas autoridades policiais estavam envolvidas nos desaparecimentos, mas também o prefeito de Iguala, José Luís Abarca, e a esposa dele, María de los Ángeles Pineda Villa, já reconhecidamente suspeitos de envolvimento com narcotraficantes locais. Ambos fugiram, mas foram encontrados e detidos em novembro de 2014.

A versão oficial da PGR sustentou que os estudantes foram assassinados pelo cartel Guerreros Unidos e, em seguida, incinerados num depósito de lixo em Cocula a mando do prefeito de Iguala, sob a justificativa de que teriam atrapalhado um evento de sua esposa, candidata a sucedê-lo na prefeitura. Essa versão buscava explicar os desaparecimentos, encerrar o caso e acalmar a onda de protestos que desde a manhã seguinte ao ocorrido se espalhou pelo país sob os brados de "*Vivos se los llevaron! Vivos los queremos!*" [Vivos os levaram! Vivos os queremos!].[14]

14 O caso repercutiu internacionalmente. O crime de desaparecimento forçado é qualificado pelo Tribunal Penal Internacional como um crime contra a humanidade, sem prescrição, e que responsabiliza o Estado diretamente. Logo, era importante para a reputação dos governos local e federal que o desaparecimento dos estudantes fosse qualificado de maneira diferente.

A INVESTIGAÇÃO DOS FAMILIARES E DAS ORGANIZAÇÕES INDEPENDENTES

Com a repercussão nacional e internacional do caso, a Equipe Argentina de Arqueologia Forense passou a auxiliar as investigações dos familiares, e suas análises divergem quanto à incineração dos corpos, pois não foram encontradas evidências de fogo suficientemente intenso e de magnitude que bastasse para queimar os 43 jovens. A equipe argentina constatou ainda que, antes que houvesse tempo hábil para investigação do local indicado e a análise dos vestígios encontrados, as autoridades mexicanas tornaram pública uma versão oficial dos fatos, sustentando a incineração dos corpos.

A Comissão Interamericana de Direitos Humanos (CIDH) da Organização dos Estados Americanos (OEA), através do Grupo Interdisciplinar de Especialistas Independentes, também atuou nas investigações e, assim como o grupo argentino, concluiu pela impossibilidade científica da versão da PGR. Esta, por sua vez, alegava que sua versão era "a verdade histórica", a despeito das evidências científicas apontadas pelos dois organismos internacionais e pelos relatos dos estudantes sobreviventes.

O que concluíram essas organizações e outros investigadores independentes? O relatório da CIDH apontou diversas hipóteses para os motivos dos ataques, embora nenhuma das linhas tenham sido analisadas pelas autoridades. A principal suspeita aponta que os criminosos estavam preocupados com os ônibus. Iguala é estrategicamente importante para os negócios do narcotráfico e tem sido utilizada para comércio e transporte de entorpecentes para os Estados Unidos, sobretudo heroína. Investigações desconexas constataram o uso de ônibus para a movimentação de heroína, cocaína e dinheiro entre Chicago e Iguala. A hipótese levantada, portanto, é a de que um dos ônibus tomado pelos normalistas acidentalmente estaria carregado com entorpecentes e, por conseguinte, não deveria estar nas mãos deles. Para o grupo da CIDH, essa hipótese justificaria a postura violenta adotada contra os estudantes e o time de futebol.

UM ESTADO CRIMINOSO

A CIDH identificou outras irregularidades cometidas pelas autoridades mexicanas. A PGR, a fim de sustentar a narrativa oficial, apresentou confissões de centenas de suspeitos pelo desaparecimento dos estudantes. O grupo da CIDH, entretanto, apurou que as confissões haviam sido tomadas sob circunstâncias de evidente tortura.

O relatório final apresentado pelo grupo, em abril de 2016, listou vários elementos que apontam para a responsabilidade do Estado mexicano no crime, seja por omissão ou por envolvimento direto. Entre elas, destacam-se: a blindagem do Exército e dos policiais envolvidos; a ausência de investigação pelo possível envolvimento de autoridades; a preponderância dada a confissões obtidas sob tortura; a construção de uma narrativa contraditória aos fatos; a ausência de investigação embasada nas evidências científicas que explique os desaparecimentos; a ausência de punições; a não colaboração e até o embate com as organizações internacionais de investigação independente; e o reconhecimento da culpa por parte do Estado, passo fundamental em direção à reparação.

A principal recomendação da CIDH para o caso envolve a retomada das investigações pelo Estado mexicano através da criação de uma Comissão da Verdade. O presidente López

Obrador, três dias após assumir, assinou diante de parte das famílias das vítimas o decreto que institui o colegiado para investigação do desaparecimento dos 43 estudantes. Apesar de ser um primeiro passo, o governo precisará de muito mais medidas e atitudes para reparar os danos causados por esse desaparecimento coletivo, além de dar conta dos demais trinta mil desaparecidos no país, aproximadamente, e impedir que novas vítimas da violência estatal entrem para as estatísticas.

REFERÊNCIAS BIBLIOGRÁFICAS

GIBLER, John. *Una historia oral de la infamia: los ataques a los normalistas de Ayotzinapa*. Buenos Aires: Tinta Limón, 2016.

GRUPO INTERDISCIPLINARIO DE EXPERTOS INDEPENDIENTES (GIEI). Informe Ayotzinapa II. Disponível em: <https://www.oas.org/es/cidh/actividades/giei/giei-informeayotzinapa2.pdf>. Acesso em: 26 jun. 2019.

_______. Informe Ayotzinapa. Disponível em: <http://www.oas.org/es/cidh/actividades/giei/GIEI-InformeAyotzinapa1.pdf>. Acesso em: 26 jun. 2019.

GUEILBURT, Matías & MARTÍNEZ PIÑEIRO, Sebastián. *43 jovens de Ayotzinapa*. Série documental em dois episódios. México: Doc & Films Productions, 2018. Disponível em: <https://www.netflix.com/br/title/81045551>. Acesso em: 13 set. 2019.

PATRÓN, Mario; AGUIRRE ESPINOSA, Santiago; BREWER, Stephanie; ROBINA, Sofía de & AGUILAR, María Luisa. "Um exercício novo de supervisão internacional: o caso Ayotzinapa e a experiência do Grupo Interdisciplinar de Especialistas Independentes (GIEI) no México", em *Revista Sur*, v. 14, n. 25, 2017, pp. 189–206.

O QUE É O FEMINICÍDIO NO MÉXICO?

JULIA BERNARDES RATTIS BATISTA
RAFAELLA LIMA DOS SANTOS
RANI SANTOS DE ANDRADE

Desde 1993 existem em Cidade Juárez relatos de mulheres que foram estupradas, depois assassinadas e abandonadas em terrenos baldios. Juárez está localizada na fronteira com os Estados Unidos, mais precisamente com a cidade de El Paso, no Texas, uma região com grande fluxo de imigrantes, além de ser uma área de influência do narcotráfico. A estrutura da economia mexicana, o Nafta e a instalação de *maquiladoras* são fatores-chave para entender a violência de gênero na região, em que a dominação e a submissão estão relacionadas aos diferentes papéis da mulher.

Em determinados lugares da cidade, mulheres eram achadas mortas com mais frequência: eram os chamados "focos vermelhos", como o Campo Algodonero. A região foi alvo de uma declaração de Alerta de Violência de Gênero contra as Mulheres (AVGM)[15] e tornou-se pauta de discussões no âmbi-

15 Trata-se de um mecanismo de proteção dos direitos humanos das mulheres estabelecido no México em fevereiro de 2007 pela Lei Geral de Acesso das Mulheres a uma Vida Livre de Violência. Os alertas se traduzem em um conjunto

to internacional. Nesse contexto, nasceu a Promotoria Especial para os Delitos de Violência contra a Mulher. Entretanto, mesmo depois dessas medidas, a maioria dos casos não foi resolvida e o número de mortes não se reduziu. Pelo contrário, entre 1993 e 2001, o número de assassinatos violentos de mulheres cresceu 700%.

A onda de assassinatos brutais no estado de Chihuahua ganhou destaque na opinião pública nacional, regional e mundial. Uma vez que na maioria dos casos não se identificavam os autores dos crimes, as vítimas passaram a ser noticiadas como "as mortas de Juárez". Em 1998, a antropóloga Marcela Lagarde foi a primeira a fazer uso do termo "feminicídio" na América Latina para descrever a situação em Juárez. No âmbito regional, a violência sistemática contra as mulheres exigiu atenção. Após a criação da lei mexicana que tipifica o crime de feminicídio, em 2007, dezesseis países latino-americanos, até 2015, seguiram o exemplo do México — o último deles foi o Brasil.

A tipificação do crime de feminicídio no código penal faz parte da luta por reconhecimento do problema da violência específica contra as mulheres, decorrente das estruturas sociais mantenedoras da condição de subordinação das mulheres mexicanas. Nesse contexto são promovidas ações em todos os níveis do governo com o objetivo de prevenir e erradicar a violência contra as mulheres, tendo como princípios a igualdade jurídica entre mulheres e homens, o respeito pela dignidade das mulheres e a não discriminação de sua liberdade. Há que ressaltar que a legislação criada com o olhar atento sobre o feminicídio e outros direitos das mulheres é resultado da luta do movimento feminista e de congressistas comprometidos com a igualdade de gênero.

No entanto, quando nos referimos ao termo "feminicídio",

de ações governamentais de emergência para enfrentar e erradicar a violência feminicida em um local determinado do território mexicano. [N.E.]

há dois campos de entendimento: o político e o jurídico. Com relação ao político, o termo foi empregado pela primeira vez em 1976, quando Diana Russell utilizou "femicídio" (*femicide*) no Tribunal Internacional de Crimes contra Mulheres, em Bruxelas, para se referir à "morte de mulheres por homens pelo fato de serem mulheres, como uma alternativa feminista ao termo 'homicídio' que invisibiliza aquele crime letal". Em 1990, Diana Russell e Jane Capui (1990) colocam o termo da seguinte forma:

> o femicídio representa o extremo de um *continuum* de terror antifeminino que inclui uma ampla variedade de abusos verbais e físicos, como estupro, tortura, escravidão sexual, abuso sexual infantil incestuoso ou extrafamiliar, espancamentos físicos e emocionais, assédio sexual, mutilação genital, operações ginecológicas desnecessárias, heterossexualidade forçada, esterilização forçada, maternidade forçada. Sempre que essas formas de terrorismo resultam em morte, elas são transformadas em femicídio.

Para Marcela Lagarde (2008), o termo "feminicídio" pode ser substituído por genocídio contra mulheres, uma vez que a morte de uma mulher está associada à morte de outras mulheres, sugerindo que esse crime de ódio é causado por condições históricas que legitimam a violência. Além disso, ela (Lagarde, 2008) defende que o Estado é igualmente culpado por esse crime ao se mostrar omisso e negligente diante da impunidade, sem oferecer nenhuma segurança para a vida das mulheres.

Em relação ao jurídico, o Código Penal Federal do México entende a ocorrência do feminicídio quando a vítima sofreu algum tipo de violência sexual e/ou agressão física antes ou depois do crime, incluindo violência psicológica e ameaças; quando a vítima tinha qualquer tipo de laço afetivo com o criminoso, ou foi morta de forma bruta e violenta; e, por fim, se a mantiveram em cárcere ou se o seu corpo foi encontrado em algum lugar público. Em 2009, a Corte Interamericana de Direitos Humanos explanou que o Estado é um aliado dessa violência, uma vez que ela é sistemática e se reproduz por meio de instituições e relações. Portanto, quando o Estado negligencia sua existência ou não disponibiliza esforços para a solução de um feminicídio, ele se torna cúmplice do crime.

Segundo estatísticas oficiais do Instituto Nacional de Estatística e Geografia, de 2016 a 2017 houve um aumento de 18,1% nos homicídios de mulheres, passando de 2.813 casos para 3.324. Em 2017, 701 feminicídios foram registrados, ou seja, 21,08% dos casos se referiam a assassinatos de mulheres. Nesse sentido, é importante notar o impacto que as legislações locais têm sobre a contabilização dos feminicídios. Devido à autonomia dos estados federados, cada um tem uma legislação específica para identificar um caso de feminicídio, o que possibilita que a maior parte de mulheres mortas por homicídio não tenha sido contabilizada como tal.

O Observatório Cidadão Nacional do Feminicídio é uma aliança entre quarenta organizações de direitos humanos e de mulheres que tem um papel fundamental em investigar o crime e o modo como as autoridades estão lidando com ele em cada estado. No último relatório disponível, identificou-se que, em 2017, 1.583 mulheres foram assassinadas em dezoito estados do país, mas apenas 479 destes foram investigados como feminicídios, ou seja, 30% dos casos.

Em um ambiente ideologicamente machista e misógino, em que a violência contra a mulher é negligenciada pelo Estado, identificam-se a falta de políticas públicas de gênero e o descomprometimento de órgãos da justiça, permitindo a impunidade que coloca em risco a segurança das mulheres. Assim,

> o feminicídio implica a ruptura parcial do Estado de Direito, uma vez que o Estado é incapaz de garantir a vida das mulheres, respeitar seus direitos humanos, agir com legalidade e

> aplicar as leis, buscar e administrar justiça e prevenir e erradicar a violência de gênero. (Lagarde, 2008)

Diante da omissão do Estado, a sociedade civil, os acadêmicos, os ativistas, os estudantes e as organizações civis se uniram para combater a violência contra as mulheres. Exemplo dessa atuação são as Audiências de Feminicídio e Violência de Gênero, conduzidas pelo Tribunal Permanente dos Povos, um tribunal internacional não governamental em que povos afetados por graves e massivas violações de direitos humanos as denunciam para a opinião pública internacional. É uma ação que tem como finalidade expor internacionalmente a letargia do Estado perante os direitos humanos — neste caso, o direito à vida, à dignidade, à liberdade e à segurança.

Por fim, com relação ao governo de López Obrador, os pronunciamentos do presidente não têm sinalizado para uma solução "mais à esquerda" para a questão do feminicídio. Ao contrário, o discurso patriarcal tem reforçado a estrutura desigual dos papéis de gênero. Nas palavras do presidente, "a desintegração familiar, o elevadíssimo crescimento do divórcio e a perda de valores, como resultado do neoliberalismo, é o que tem produzido o feminicídio e os homicídios em geral".

A instituição da família associa a segurança das mulheres aos chefes de família, segundo uma retórica que aponta para o acirramento do patriarcado, entendido como a estrutura familiar na qual as funções da mulher estão ligadas à reprodução e à submissão ao homem (Torres, 2015). De modo que, mais uma vez, o Estado mexicano se exime de responsabilidade ao não garantir a segurança de todos, sem políticas públicas voltadas para a violência de gênero e ao combate à impunidade dos crimes contra mulheres. López Obrador propõe como medida preventiva ao feminicídio que as mulheres retornem para o domínio da família, onde não possuem autonomia sobre seu corpo. Em síntese, o presidente sugere que o problema do feminicídio pertence ao âmbito privado, em que a violência contra a mulher não é um problema público, opondo-se à noção feminista de que "o pessoal é político".

REFERÊNCIAS BIBLIOGRÁFICAS

BEAUREGARD, Luis Pablo. "López Obrador limita ajudas a menores e mulheres vítimas de maus tratos", *El País*, 4 mar. 2019. Disponível em: <https://brasil.elpais.com/brasil/2019/03/03/internacional/1551648283_893550.html>. Acesso em: 26 jun. 2019.

BLANCAS, Patricia Ravelo; CASTAÑEDA, Martha Patricia & VÁZQUEZ, Teresa Pérez. "Feminicidio y violencia de género en México: omisiones del Estado y exigencia civil de justicia", em *Iztapalapa Revista de Ciencias Sociales y Humanidades*, n. 74, ano 34, jan.-jun. 2013, pp. 11–39.

CAPUTI, Jane & RUSSELL, Diana. "Femicide: speaking the unspeakable", em *Ms.*, v. 34, n. 7, set.-out. 1990.

CARRILLO, Tania Selem Sanches. *El Delito del Feminicidio en México*. México: Unam, 2018.

EXCELSIOR. "Duele ola de feminicidios, se trabaja para evitarlos: López Obrador", em *Excelsior*, 29 jan. 2019. Disponível em: <https://www.excelsior.com.mx/nacional/duele-ola-de-feminicidios-se-trabaja-para-evitarlos-lopez-obrador/1293176>. Acesso em: 26 jun. 2019.

GOMES, Izabel Solyszko. "Feminicídios: um longo debate", em *Revista Estudos Feministas*, v. 26, 2018. Disponível em: <http://www.scielo.br/scielo.php?script=sci_arttext&pid=S0104-026X2018000200201&lng=pt&nrm=iso>. Acesso em: 26 jun. 2019.

LAGARDE, Marcela. "Antropología, feminismo y política: violencia feminicida y derechos humanos de las mujeres", em BULLEN, Margaret & MINTEGUI, Carmen Diez (org). *Retos teóricos y nuevas prácticas*. Espanha: Antropologia Elkartea, 2008.

LOBO, Patricia Alves. "O feminicídio de Juárez: alterações econômicas, narrativas sociais e discursos coloniais na fronteira dos EUA e México", em *Associação Portuguesa de Estudos sobre as Mulheres*, n. 34, 2016, pp. 45–58. Disponível em: <https://doi.org/10.22355/exaequo.2016.34.04>. Acesso em: 26 jun. 2019.

LOVERA, Sara "México: Para el Presidente López Obrador hay feminicidio por la desintegración familiar y los divorcios", em *Ameco Press*, 5 fev. 2019. Disponível em: <http://www.amecopress.net/spip.php?article18875>. Acesso em: 26 jun. 2019.

MODELLI, Lais "Feminicídio: como uma cidade mexicana ajudou a batizar a violência contra mulheres", em *BBC*, 12 dez. 2016. Disponível em: <https://www.bbc.com/portuguese/internacional-38183545>. Acesso em: 26 jun. 2019.

OBSERVATORIO CIUDADANO NACIONAL DEL FEMINICÍDIO. *Informe implementación del tipo penal de feminicídio en México: Desafíos para acreditar las razones de género 2014–2017*.

OLAMENDI, Patricia. *Feminicidio en México*. México: Instituto Nacional de las Mujeres, 2016.

TORRES, Soledad de León. "El cuerpo para otros: patriarcado y violencia de género en narrativas femeninas", em HERNÁNDEZ, Ana Josefina Cuevas (org.). *Familias y relaciones patriarcales en el México contemporáneo*. México: Universidad de Colima Juan Pablos, 2015.

O QUE MUDOU NA EDUCAÇÃO COM AS REFORMAS NEOLIBERAIS?

JULIA BERNARDES RATTIS BATISTA
THOMAZ VITOR DA COSTA FERNANDES DE SOUZA
PATRICIA SPOSITO MECHI

Em 1º de dezembro de 2018, no primeiro discurso após a posse, López Obrador foi ovacionado pela população ao anunciar que cancelaria a reforma educativa levada a cabo por Enrique Peña Nieto (2012–2018). A fala trouxe fortes elementos de defesa da educação pública, enfatizando a expansão quantitativa e qualitativa e a adoção de políticas de acesso e permanência da população mais pobre. Além disso, o presidente pontuou o compromisso com os docentes, afirmando que "o governo nunca mais vai ofender professoras e professores". Obrador referia-se à tensa relação entre governo e docentes nos anos anteriores, já que estes últimos foram alvo de inúmeros ataques, tanto no exercício de sua atividade quanto do ponto de vista econômico e político, incluindo agressões físicas, prisões arbitrárias e desaparecimentos.

A promessa de López Obrador respondia aos anseios da massa de professores e estudantes severamente atingidos com as reformas implementadas no governo de Peña Nieto. Tais reformas culminaram o avanço neoliberal sobre a educação, iniciado ainda na década de 1990. Este texto pontuará alguns aspectos das reformas educacionais, preconizadas por diversos organismos internacionais a partir da década de 1990, cujas diretrizes para o México constavam do Nafta. A reforma proposta pelo presidente anterior estava em consonância com tais diretrizes, imprimindo um caráter mercadológico à atividade educativa, e tinha como um de seus eixos o ataque aos docentes.

A EDUCAÇÃO NEOLIBERAL NO MÉXICO

A ofensiva neoliberal na América Latina incluiu mudanças no âmbito da educação, destacando a influência do Banco Mundial nas reformas em todos os níveis de ensino a partir da década de 1990. Como linha geral, propunha-se a diminuição do Estado no que se refere à garantia de direitos, ao passo que se abria mais espaço ao capital privado — o desenho de uma legislação mais favorável aos "negócios". No que se refere aos sistemas educacionais, as políticas neoliberais eximiam o Estado da responsabilidade pelo fracasso escolar, culpabilizando os atores do sistema educativo, principalmente professores e alunos. Julgava-se que os recursos para a educação eram suficientes, mas mal utilizados, e que a educação pública era um dos setores no qual os governos gastavam muito e com pouca qualidade.

Nessa perspectiva, a educação deveria, por um lado, preparar o cidadão-consumidor, ensinando-o a se adaptar às mudanças no mercado de trabalho. Isso significava, nos países periféricos, criar um contingente de trabalhadores capazes de se adaptar a um mundo em que o desemprego estrutural crescia, e em que a estabilidade laboral tornava-se cada vez mais precária. Ser um trabalhador flexível, capaz de adaptar-se aos mais variados cenários, era condição para empregabilidade.

Para sanar as dificuldades de financiamento, muito se falou em uma gestão eficiente dos recursos — o que, na prática, significou cortes orçamentários e privatizações. Sobre os docentes recaíram acusações de acomodação e despreparo, enquanto suas organizações (sindicatos) foram acusadas de perpetuar essas distorções.

A educação pública, gratuita, autônoma, diversa e democrática representava, assim, um enorme fracasso. Entendia-se que as demandas não diretamente relacionadas à atividade educativa (tais como a merenda ou a limpeza) seriam mais bem atendidas por empresas privadas, e não por funcionários públicos. De modo similar, a padronização dos materiais didáticos e a contratação de empresas especializadas em sua preparação atenderiam melhor as necessidades de formação educacional, e capacitariam os alunos para atuar em um mundo dinâmico, ágil, competitivo e em constante transformação.

No México, o Nafta institucionalizou a mudança na estratégia de inserção internacional e de desenvolvimento econômico do país, o que teve consequências na educação, dentre as quais: i) proposta de padronização de currículos, materiais didáticos, formação de professores etc.; ii) a proposição de mudanças legislativas, com a modificação da Constituição e a aprovação da lei geral sobre a educação: as alterações legais abriram espaço para os investimentos estrangeiros, ao mesmo tempo que preconizaram avaliações nacionais a cargo do Ministério da Educação como garantia da desejada padronização. As avaliações seriam constantes, mas é durante a reforma de Enrique Peña Nieto que elas ganham uma dimensão conflitiva e punitiva em relação aos docentes; e iii) diminuição dos recursos públicos e das matrículas na educação pública: a abertura para o investimento privado na educação e a proliferação de instituições particulares foram acompanhadas inicialmente do congelamento do investimento público e, depois, de sua redução.

Após essas medidas, o resultado foi uma queda na qualidade do ensino, incluindo a pauperização da estrutura física e a diminuição do salário dos professores e de outros profissionais da educação. Esses aspectos foram mantidos nos governos mexicanos após 1994 e potencializados pelas reformas de 2012 e 2013.

PRINCÍPIO E FIM DA CONTRARREFORMA DE ENRIQUE PEÑA NIETO

O processo de implementação dos princípios do mercado na educação encontrou resistências, em particular dos professores, que, via de regra, são brutalmente reprimidos. Estes se organizam em dois sindicatos: Sindicato Nacional de Trabalhadores da Educação (SNTE) e sua dissidência, a Coordenadora Nacional de Trabalhadores da Educação (CNTE), que surgiu em 1979. Esses conflitos chegaram ao auge com a reforma iniciada em 2013, atingindo professores de todos os níveis de ensino, estudantes e sindicatos. As modificações incluíam a mudança no currículo, alterando planos e programas de estudos, a criação de sistemas padronizados de avaliação docente e mudanças na gestão do sistema educativo.

A reforma teve como principal artífice um grêmio empresarial intitulado Mexicanos Primeiro, autoproclamada "organização cidadã", que teria como objetivo a melhoria do aprendizado dos jovens, contando com "'distintos conhecedores da educação' no México", como o dono da Televisa, Emilio Azcárraga, e o da TV Azteca, Salinas Pliego. A entidade criou o Índice de Desempenho Educativo Inclusivo, que tinha como objetivo avaliar as 32 entidades públicas com base na sua eficácia, permanência, profissionalização docente e nível de aprendizagem dos alunos, medidos por uma prova denominada ENLACE. Ao mesmo tempo, criticava o peso do Sindicato Nacional de Trabalhadores da Educação nas decisões políticas. De acordo com Hugo Casanova, diretor do Instituto de Investigações sobre a Universidade e a Educação (IISUE), as iniciativas do Mexicanos Primeiro visavam beneficiar os empresários.

A avaliação docente realizada pelo governo tinha características punitivas e excludentes, já que não levava em conta a diversidade cultural, as especificidades regionais e mesmo as carências pedagógicas, econômicas e sociais nos locais de trabalho docente.

De acordo com José David Dieguez (2016), a reforma educativa é, na verdade, uma reforma trabalhista, que trata de retirar do docente a autonomia de sua prática pedagógica, limitando-o a ensinar para a realização de exames que pouco se relacionam à realidade escolar em que está inserido. A homogeneização dos exames fragiliza a conexão entre comunidade e escola, já que a primeira deixa de reconhecer no espaço escolar um espaço de socialização cultural e de diálogo.

Outro aspecto questionável é a utilização da avaliação como instrumento de permanência do docente na rede de ensino, realizada de forma individualizada e ferindo acordos coletivos firmados pelos sindicatos nas últimas décadas. De acordo com Alejandro Castillo, "temos muitos benefícios que, de repente, querem fazer desaparecer. Conquistamos esses benefícios ao longo dos anos, como muitos outros sindicatos no país, então essa aparente reforma educacional é antes uma reforma trabalhista" (*apud* Global Media, 2019).

Em síntese, as avaliações docentes visavam à homogeneização das aulas e à padronização dos conteúdos e da prática docente. A Coordenadora Nacional de Trabalhadores da Educação realizou várias manifestações contrárias a essa medida, além de tentativas de negociação com o governo — todas sem sucesso.

Os protestos docentes e discentes foram violentamente reprimidos. Em 2016, em Oaxaca, os professores foram atacados pela polícia e seis pessoas morreram. Também houve conflitos em outros pontos do país, como no estado de Guerrero, onde cinco mil manifestantes foram às ruas na "jornada de radicalização contra a reforma educativa", sendo também reprimidos com violência.

Com a posse de Andrés Manuel López Obrador, novas perspectivas se abriram para a educação mexicana. Uma de suas primeiras ações foi assinar um plano para revogar a reforma educativa de Peña Nieto. Seu partido, o Movimento Regeneração Nacional (Morena), tem como objetivo, entre outros, reestruturar o sistema de educação, limitando influências do governo anterior. É o caso do Instituto Nacional para a Avaliação da Educação (INEE), responsável pelas avaliações de desempenho docente, substituído pelo Centro Nacional para a Revalorização do Magistério e para Melhoria Contínua da Educação. Há expectativa entre os sindicatos que os objetivos das avaliações da categoria sejam modificadas.

Da mesma forma, espera-se que o governo implemente mecanismos para garantir uma educação democrática e inclusiva, permitindo o acesso a grupos historicamente marginalizados, como os indígenas: uma educação gratuita para todos os níveis escolares, multicultural e que atenda aos anseios de professores, estudantes e movimentos sociais.

Há contradições nas propostas apresentadas pelo Morena, uma vez que não é possível, nos marcos do capitalismo, uma efetiva e profunda democratização do ensino, que garanta equidade de acesso e permanência para todos, eximindo-se de tensões e demandas impostas pelo setor privado. Entretanto, abre-se uma nova janela de lutas, possivelmente mais favoráveis para os movimentos por educação no México e para os movimentos sociais em geral.

REFERÊNCIAS BIBLIOGRÁFICAS

AFP. "FMI reduz previsão do PIB do México e sugere continuar reformas", em *France Presse*, 8 nov. 2018. Disponível em: <www.em.com.br/app/noticia/internacional/2018/11/08/interna_internacional,1004213/amp.html>. Acesso em: 8 nov. 2018.

AGUILAR, Hugo Aboites. "Tratado de Libre Comercio y educación superior. El caso de México, un antecedente para América Latina", em *Perfiles Educativos*, v. XXIX, n. 118, out.-dez. 2007, pp. 25-53. Disponível em: <https://www.redalyc.org/resumen.oa?id=13211803>. Acesso em: 26 jun. 2019.

DIÉGUEZ, José David Alarid. "Reforma educativa o reforma laboral: reestruturación del trabajo y la identidad docente en el México." XI Seminario Internacional de la Red ESTRADO: Movimientos pedagógicos y trabajo docente en tiempos de estandarización. Cidade do México, 2016.

GENTILI, Pablo & SILVA, Tomaz Tadeu (orgs.). *Escola S.A.: quem ganha e quem perde no mercado educacional do neoliberalismo*. Brasília: CNTE, 1996.

GLOBAL MEDIA. "La Reforma Educativa es en realidad una Reforma Laboral", em *Global Media*, 4 set. 2017. Disponível em: <https://www.globalmedia.mx/articles/-La-Reforma-Educativa-es-en-realidad-una-Reforma-Laboral->. Acesso em: 25 abr. 2019.

LUIS, S. "Diez claves para entender la lucha de estudiantes politécnicos mexicanos", em *La Izquierda Diario*, 4 set. 2017. Disponível em: <https://www.globalmedia.mx/articles/-La-

Reforma-Educativa-es-en-realidad-una-Reforma-Laboral->. Acesso em: 26 jun. 2019.

LÓPEZ OBRADOR, Andrés Manuel. "Conferencia matutina: iniciativa para cancelar reforma educativa", em YouTube, 12 dez. 2018. Disponível em: <https://www.youtube.com/watch?v=9SNXFHl64Jo>. Acesso em: 12 dez. 2018.

SANTOS, Aldo. "¿Por qué apoyar el paro de los maestros de Oaxaca?", em *La Izquierda Diario*, 31 mai. 2018. Disponível em: <https://www.laizquierdadiario.mx/Por-que-apoyar-el-paro-de-los-maestros-de-Oaxaca>. Acesso em: 28 abr. 2019.

SUÁREZ, Karina. "Elba Esther Gordillo buscará dirigir nuevamente el sindicato más grande de América Latina", *El País*, 21 nov. 2018. Disponível em: <https://elpais.com/internacional/2018/11/21/mexico/1542822360_373037.html>. Acesso em: 21 nov. 2018.

TOMASI, Livia de; WARDE, Mirian Jorge & HADDAD, Sérgio (orgs.). *O Banco Mundial e as políticas educacionais*. São Paulo: Cortez, 1996.

COMO O MÉXICO SE CONVERTEU EM UM IMPORTADOR DE PETRÓLEO?

FABIO BARBOSA CANO

Um dos fatores mais importantes para o México ter se transformado em um importador de petróleo foi a revolução tecnológica do óleo e do gás de xisto nos Estados Unidos. Ao provocar uma superoferta de hidrocarbonetos, o país derrubou os preços na América do Norte, anulando a rentabilidade dos principais projetos do plano de negócios da Petroleos Mexicanos (Pemex) e, ainda mais importante, diminuindo o potencial de investimento que a reforma energética de 2013 poderia ter alavancado. Hoje, 60% da gasolina consumida no México vem do Texas.

As transformações tecnológicas nos Estados Unidos começaram de forma muito discreta no final do século passado. Porém, foi somente na primeira década do século XXI que começamos a perceber seus resultados. Em 2005, depois da passagem do furacão Katrina pelas costas da Louisiana, o preço do gás natural subiu para mais de treze dólares por metro cúbico. Somente quatro anos mais tarde, em 2009, caiu para quatro dólares, graças a novas técnicas e ferramentas. Passaram-se dez anos e, com exceção de alguns períodos isolados, o preço no mercado da América do Norte não voltou a subir;

pelo contrário, apresentou quedas mais severas. Além disso, volumes de gás maiores que os permitidos pela regulação do Texas estão sendo queimados devido à persistência de gargalos no transporte por dutos ou pela ausência de infraestrutura de liquefação.

O aumento da oferta de gás na região impossibilitou que o México continuasse operando na zona de gás conhecida pelos mexicanos como Cuenca de Burgos, ao sul do Rio Bravo, porque os "custos de produção eram mais elevados que os custos do gás importado" (Padilla, 2010). Esses foram os primeiros impactos da revolução do xisto no México: obrigar o país a recolher a indústria ao setor "convencional", diante da pressão das novas tecnologias "não convencionais".

Contudo, a superprodução de gás na América do Norte foi somente o começo: também em 2009 ela se estendeu para o petróleo cru. Em 2015, parcialmente impulsionado pela campanha de Donald Trump para a presidência, as petroleiras texanas foram autorizadas a exportar petróleo cru. Assim, a revolução do óleo de xisto se globalizou, ou seja, passou a ter impactos no mercado mundial.

A guerra de preços na segunda metade de 2014 até o final de 2017 representou golpes mortais ao setor exportador e produtivo do México. Ela afetou todos os produtores e, sobretudo, os óleos pesados, amargos (que, pelo alto conteúdo de enxofre, requerem processos de edulcoração), profundos e de geologia complexa — devido à alta pressão e temperatura. Nos Estados Unidos, ao redor de 130 empresas quebraram. A região conhecida como Cuenca Pérmica — localizada entre o Texas e o Novo México e considerada o maior campo de petróleo dos Estados Unidos — conseguiu competir na guerra de preços com custos de trinta dólares o barril, o que permitiu aos Estados Unidos emergirem como um novo exportador. As vendas do país passaram, em 2017, de pouco mais de meio milhão de barris diários para, em 2018, dois milhões de barris diários, competindo com as refinarias europeias e com o petróleo cru africano, com efeitos sobre Índia, Japão, Coreia do Sul e outros países. Em contraposição, 70% dos óleos mexicanos não podem ser processados pelas plantas mexicanas devido ao alto teor de enxofre, à densidade de doze graus API[16] e à elevada viscosidade. Essas são as principais razões que explicam por que o México hoje importa petróleo cru leve para o seu deteriorado e insuficiente campo de refino.

Existem grandes desacordos no interior do governo, entre os empresários, a imprensa, os acadêmicos e os analistas do país sobre as razões que impulsionaram, e até obrigaram, o aumento das importações mexicanas dos Estados Unidos.

Uma corrente considera que a demanda foi induzida favorecendo o uso do veículo particular, em detrimento do transporte coletivo, e privatizando as linhas de trem para abrir mercados à gasolina texana. Por outro lado, as importações de gás aumentaram de forma desnecessária. Na Cidade do México houve protestos contrários à instalação de dutos para que empresas espanholas distribuíssem gás natural. Governos de direita e de esquerda impulsionaram esse negócio, o que culminou na importação de 85% do gás que o país consome, até para aquecer água em zonas de elevada incidência de luz solar, de forma a favorecer as compras dos produtores texanos.

Especialmente interessante é a explosão do parque veicular no México, que duplicou entre 2005 e 2018, passando de 22 milhões para quarenta milhões de motores movidos a combustíveis fósseis. Contudo, tal aumento é diferente em cada região do país: na Cidade do México e em sua zona metropolitana, passou de 3,7 milhões para quase dez milhões. Esse crescimento foi um movimento esporádico, a saltos bruscos: em 2006, como resultado do furacão Katrina, segmentos da

16 Escala que mede a densidade dos líquidos derivados do petróleo. A sigla API se refere a American Petroleum Institute [Instituto americano do petróleo].

população que normalmente não teriam condições de adquirir um automóvel se beneficiaram com a entrada no país de quase três milhões de carros que o furacão converteu em sucata. Em resumo, o México apresentou um crescimento descontrolado do seu parque veicular, especialmente na região da Cidade do México, cuja taxa de expansão é evidentemente insustentável. Esse crescimento incessante e a demanda de gasolina e diesel não podem ser cobertos nem que se tripliquem a capacidade de transporte por dutos, instalações de armazenamento e distribuição, e refinarias. Por isso, as importações continuarão até que se empreendam mudanças em vários aspectos, não somente da oferta, mas principalmente na redução da demanda por combustíveis.

A Agência Internacional de Energia (AIE) publicou em 2016 um relatório especial sobre o México, no qual argumenta que, caso o país aprofunde a reforma[17] energética com investimentos do capital privado, poderia recuperar o crescimento da produção petroleira: novos atores desenvolveriam novos campos, principalmente em águas profundas e formações de óleo e gás de xisto, e a produção de petróleo seria restabelecida para 3,4 milhões de barris diários até 2040. Outras vozes coincidem que a condição do país como importador será transitória, e que haverá uma recuperação. Carlos Ursúa, secretário da Fazenda e do Crédito Público do governo López Obrador, mesmo que não apresente mais detalhes, assegura que "jazidas de petróleo leve já foram descobertas", talvez em alusão aos abundantes recursos de óleo de xisto que o Departamento de Energia dos Estados Unidos atribui ao México.

17 Conjunto de leis e novos organismos reguladores que permitem ao capital privado ou estrangeiro participar como operadores, financiando os projetos e contratando o seu próprio pessoal, nos ramos de exploração e extração de hidrocarbonetos.

REFERÊNCIAS BIBLIOGRÁFICAS

INTERNATIONAL ENERGY AGENCY. *Mexico Energy Outlook*. Paris, 2016. Disponível em: <www.iea.org>. Acesso em: 24 jun. 2019.

MÉXICO. Petróleos Mexicanos. *Libro Blanco. Contrato Reactivación de Pozos Cerrados, 2012–2018*. Disponível em: <http://www.pemex.com/transparencia/Documents/2018-mdylb/30_LB_PEPContratoReactivaciondePozosCerrados.pdf>. Acesso em: 24 jun. 2019.

PADILLA, Víctor Rodríguez. "Contratos de Servicios Múltiples en Pemex: eficacia, eficiencia y rentabilidad", em *Problemas del Desarrollo*, n. 163, out.-dez. 2010.

SEGURANÇA ALIMENTAR: POR QUE TANTOS OBESOS E DESNUTRIDOS?

LAÍS DRUMOND BRANDÃO

A Organização das Nações Unidas para Agricultura e Alimentação (FAO) define segurança alimentar como uma situação em que todas as pessoas de um determinado território, em todo momento, têm acesso físico e econômico a uma quantidade suficiente de alimento seguro e nutritivo para satisfazer suas necessidades alimentares e suas preferências, com o intuito de ter uma vida ativa e saudável.

Segundo um relatório da FAO publicado em 2017, o México conseguiu diminuir a desnutrição infantil, mas ainda ocupa a penúltima posição nesse quesito entre os países da América Latina. Ao mesmo tempo que a desnutrição foi reduzida, o número de mexicanos com sobrepeso e obesidade cresceu. O país vive uma crise alimentar com contradições. Numa mesma família pode haver membros com desnutrição e outros com obesidade ou sobrepeso.

No pós-guerra, a agricultura no México esteve subordinada às necessidades do crescimento urbano-industrial, com o objetivo de proporcionar divisas, matérias-primas, mão de obra e alimentos a preços baixos. Também se estabeleceram o controle de preços e o subsídio à produção de alimentos. Durante as primeiras décadas, o modelo adotado proporcionou bons resultado (Santos, 2014).

A partir de 1970, a crise no modelo de industrialização por substituição de importações levou ao aumento do empobrecimento da população camponesa, e a produção de alimentos tornou-se insuficiente, em um contexto de crescente demanda. Segundo Santos (2014), a redução da produção agrícola esteve ligada ao favorecimento das grandes produções empresariais, ditada pela política agrícola dos governos da época. No conjunto, optou-se pelos cultivos mais rentáveis em detrimento da produção de alimentos básicos. Nesse panorama, em 1973 o México se converteu em importador de milho — principal item da sua base alimentar.

As medidas de ajuste econômico implementadas na década de 1980 e a consequente reformulação da estratégia de desenvolvimento econômico do México impactaram a política agrícola, que, durante o governo de Miguel de la Madrid (1982-1988), esteve referenciada em programas de estabilização e ajuste. O setor agrícola perdeu subsídios, e sua política de preços foi modificada. Também houve mudanças no programa nacional alimentar. Até então, o principal objetivo era a autossuficiência alimentar; a partir dali, passou-se a falar em segurança alimentar. Assim, adotaram-se medidas com o intuito de obter alimentos mais baratos por meio de importações. Atualmente, o México possui alta dependência de importação de alimentos provenientes dos Estados Unidos, muitos deles básicos, como milho, feijão, soja e carne.

A entrada em vigor do Nafta agravou a insegurança alimentar no México, que já se percebia desde os anos de 1970, embora alguns pesquisadores remetam a modificação da dieta à crise dos anos 1980. Nesse processo, a agricultura mexicana tornou-se complementar à do vizinho: enquanto os Estados Unidos produzem milho, trigo e carne bovina, o México é responsável pela produção de legumes e frutas.

Além da problemática da insegurança alimentar, o país se transformou num dos exemplos mais claros de ambiente obesogênico. O mercado mexicano está dominado por empresas produtoras de alimentos processados, em um contexto marcado pela ausência de medidas protetoras por parte das autoridades mexicanas. Atualmente, são consumidos em média 214 quilogramas de alimentos ultraprocessados por pessoa ao ano, o que coloca o México no primeiro lugar no ranking de consumo desse tipo de alimento entre os países latino-americanos, segundo a Organização Panamericana de Saúde. Estima-se que 71,28% dos mexicanos adultos tenham sobrepeso e obesidade, o equivalente a 48,6 milhões de pessoas, sendo 32,4% com obesidade e 38,8% com sobrepeso. Em relação ao gênero, a obesidade entre as mulheres é mais alta, atingindo 37,5%, enquanto entre os homens o nível é de 26,8%.

A prevalência de obesidade se diferencia conforme o nível socioeconômico, a região e a localidade. É mais aguda entre a população de baixo nível socioeconômico; mais evidente nas zonas urbanas em comparação com as zonas rurais, e na região norte do país em contraste com a população do sul e do centro. Somente 50% dessa população com obesidade dizem ter recebido algum tipo de tratamento médico relativo à questão (ENSANUT, 2012).

Também se critica o sistema de comercialização e publicidade das empresas alimentícias. É comum encontrar no México rostos famosos nas embalagens dos alimentos, o que facilita a venda de produtos menos nutritivos e com maior valor calórico, com altas quantidades de gordura, açúcar e sal, popularmente conhecidos pelos mexicanos como "comida *chatarra*" [sucata]. Essas mudanças afetaram toda a população, sobretudo os mais marginalizados: crianças em áreas rurais possuem indicadores piores do que aquelas que vivem em áreas urbanas.

Entre 1988 e 2012, a predominância de desnutrição (baixo peso, baixa altura e baixo peso para a altura) diminuiu de forma drástica, principalmente entre crianças menores de cinco anos, mas ainda afeta 1,5 milhão nessa faixa etária. Com relação à população rural, os níveis historicamente registrados são o dobro em relação às zonas urbanas, com maior diminuição nas regiões norte e centro do que no sul, onde os níveis são mais elevados (27,5%) (ENSANUT, 2012). Também se observou uma maior redução da desnutrição crônica entre a população mais pobre, enquanto entre os indígenas a redução é menor do que entre a população não indígena. As populações mais vulneráveis estão localizadas nas regiões de Oaxaca, Chiapas, Yucatán, no sul de Veracruz, Guerrero, Mixteca Poblana, Hidalgo, Sierra Tarahumara e algumas zonas rurais de Tijuana. Segundo o Fundo das Nações Unidas para a Infância (Unicef), uma em cada três crianças em zonas rurais morre em decorrência de desnutrição crônica. Entre as crianças indígenas essa cifra dobra.

Não foi somente o neoliberalismo que agravou o problema da segurança alimentar no México: o consumo excessivo de milho também pode ser um problema. Trata-se do alimento mais consumido pelos mexicanos, principalmente na forma das famosas *tortillas* — que, para os mais desfavorecidos, tornou-se o alimento base de suas refeições, quiçá o único. No entanto, o milho possui alto conteúdo em amido digerível e cerca de 6% a 10% de proteína; por outro lado, é deficiente em aminoácidos essenciais, o que poderia explicar os índices de desnutrição que afetam a população mexicana.

Outro hábito alimentar nocivo à saúde está no alto consumo de refrescos, bebida doce e fresca — não necessariamente refrigerante ou suco, podendo ser apenas água com sabor de fruta, conhecida como "água saborizada". O México tornou-se o maior consumidor de refrescos do mundo, superando os Estados Unidos em 40% (ENSANUT, 2012). Os efeitos do refresco na dieta do México foram tão intensos que se fez necessária a implementação de um imposto sobre bebidas açucaradas, pressionando pela diminuição do consumo.

Em consequência do aumento da obesidade entre a população, também se elevou o número de pessoas com diabetes mellitus (diabetes tipo 2). Desde 2000 ela tem sido a principal causa de mortes entre as mulheres, a segunda entre os homens. Foram identificados 6,4 milhões de adultos mexicanos com diabetes, ou seja, 9,2% da população nessa faixa etária. Esse número pode ser o dobro, considerando as pessoas que não conhecem sua condição. Entre o total de diabéticos diagnosticados, 14,2% (um pouco mais de novecentos mil indivíduos) não estão em tratamento médico. O país se encontra em estado de emergência epidemiológica (ENSANUT, 2012).

A desigualdade social está diretamente ligada à desnutrição, à obesidade e ao sobrepeso. As mulheres, as pessoas de baixa renda e a população indígena não têm garantida sua segurança alimentar. O México tem obtido avanços em reduzir a desnutrição, mas ainda há um longo caminho a percorrer, principalmente em relação às crianças. Assim, a complexa problemática mexicana de insegurança não se restringe ao âmbito da violência urbana, mas engloba também a má alimentação da população.

López Obrador herda a complexa questão da insegurança alimentar sobre o pano de fundo de diversas tentativas inócuas de solucionar as problemáticas da desnutrição, da epidemia de sobrepeso e dos altos índices de obesidade. A criação de programas sociais tem se resumido a iniciativas temporais e de efeito eleitoral. Evidencia-se a necessidade de estratégias para melhorar as condições da população em situação de vulnerabilidade alimentar, visando à melhora na distribuição de renda.

REFERÊNCIAS BIBLIOGRÁFICAS

ENSANUT. *Encuesta Nacional de Salud y Nutrición*. 2012. Disponível em: <https://ensanut.insp.mx>. Acesso em 15 fev. 2019.

FAO. *México y la seguridad alimentaria global*. 2017. Disponível em: <http://www.fao.org/in-action/agronoticias/detail/es/c/515162/>. Acesso em: 12 fev. 2019.

GUIMARÃES, Paulo E. O. & PACHECO, Cleso A. P. "O milho com alto valor nutricional." Workshop sobre qualidade do milho, 1997. Dourados: Embrapa-CPAO, 1998, pp. 22–32. (Embrapa-CPAO. Documentos, 23).

MCCARTHY, Niall. "20 países com mais mortes por consumo de bebidas com açúcar", em *UOL*, 20 jul. 2015. Disponível em: <https://forbes.uol.com.br/listas/2015/07/20-paises-com-mais-mortes-por-consumo-de-bebidas-com-acucar/#foto1>. Acesso em: 15 mar. 2019.

RICHTEL, Andrew Jacobs Matt. "Nafta pode estar relacionado à disparada da obesidade no México", em *Folha de S. Paulo*, 19 dez. 2017. Disponível em: <https://www1.folha.uol.com.br/equilibrioesaude/2017/12/1942835-nafta-pode-estar-relacionado-a-disparada-da-obesidade-no-mexico.shtml>. Acesso em: 12 fev. 2019.

ROMERO, Laura. "Más de 15 millones de mexicanos sufren deterioro nutricional", em *Gaceta*, 29 maio 2017. Disponível em: <http://www.gaceta.unam.mx/20170529/mas-de-15-millones-de-mexicanos-sufren-deterioro-nutricional>. Acesso em: 20 mar. 2019.

SANTOS, Andrea. *El patrón alimentario del libre comercio*. México: Unam, 2014.

COMBATE OU GESTÃO DA POBREZA NAS POLÍTICAS PÚBLICAS?

LUCIANA ROSA DE SOUZA

O México agiu estruturalmente para reduzir a pobreza ou apenas a geriu nos anos recentes? Para responder a essa questão, recorremos a uma revisão de literatura sobre a temática, complementada por dados estatísticos (secundários) capazes de mostrar a evolução da taxa de pobreza no país desde 1970.

O México vem implementando ações antipobreza desde os anos 1980, quando aderiu às práticas neoliberais, após a crise de 1982 (Yaschine, 1999). O mais interessante ao analisar essas políticas é observar como elas se aproximaram das perspectivas indicadas pelo Banco Mundial (Pereira, 2010).

Conforme dados de Szekely Pardo e Ortega Díaz (2014), o crescimento econômico vivenciado pelo México desde os anos 1970 teve pouco impacto na redução das taxas de pobreza, já que a pobreza extrema[18] variou entre 25% e 18% no período entre 1970 e 2010. Em 1990, por exemplo, dados indi-

18 Pobreza extrema e pobreza alimentar se referem a um mesmo grupo de pessoas que não recebem recursos suficientes para comprar uma cesta básica de alimentos.

cavam que 24% das famílias mexicanas viviam em situação de pobreza extrema/indigência (Levy, 2008, p. 4). Atualmente, cerca de 46% da população vive abaixo da linha da pobreza, enquanto a taxa média de pobreza para todos os países da América Latina fica em torno de 30% (Cepal, 2019).

O Pronasol[19] foi o primeiro programa específico de combate à pobreza mexicana, implementado em 1988 (Yaschine, 1999). Naquele ano, Salinas de Gortari (1988–1994) elegeu-se presidente em meio a graves denúncias de fraude, após um pleito em que, pela primeira vez, a dominação do PRI foi colocada em "xeque". Nesse contexto, muitos interpretaram o Pronasol como uma resposta política de um presidente cuja legitimidade era contestada, à frente de um partido que precisava tecer novos laços de fidelidade eleitoral para se conservar no poder.

Desde então, diversas ações antipobreza foram desenhadas: Progresa (1994), Oportunidades (2000) e Prospera (2012). O programa das três ações é muito similar, apresentando mudanças marginais ou incrementais. A base do desenho das ações é a entrega de recursos monetários em espécie, condicionados à responsabilização dos beneficiários com obrigações vinculadas à educação e à saúde. Salienta-se a manutenção dos desenhos das ações antipobreza ao longo de tantos anos (basicamente, de 1988 até 2018), mesmo com dados pífios de queda no percentual de população pobre.

Destaca-se a relação direta entre o movimento zapatista, iniciado em 1994, e a resposta do governo mexicano com as ações antipobreza nas áreas rurais do país, exatamente onde o EZLN vinha ganhando apoiadores. Assim, em 1995 foi realizado o primeiro "ensaio" do Progresa (Levy, 2008), com a ampliação do orçamento voltado ao combate à pobreza

19 Sigla para Programa Nacional de Solidaridad, implementado durante o governo de Salinas de Gortari com intuito de enfrentar os impactos perversos do ajuste estrutural empreendido por Miguel de la Madrid.

(Levy, 2006). Jimenez Garcia[20] (2005) afirma que a ampliação orçamentária das ações antipobreza no México foi possível a partir da redução de outros segmentos da política social, como saúde, educação e assistência social. As respostas das ações antipobreza ao movimento zapatista concentraram-se em reduzir a fragmentação dos programas e ampliar a dotação orçamentária. Assim, a gestão da pobreza no México buscou superar a doação direta de alimentos às famílias mais pobres (Levy, 2006), passando, então, a uma intervenção mais focalizada, com a entrega de dinheiro às famílias, condicionada a compromissos nas áreas de educação e saúde.

O Progresa focalizou e racionalizou o gasto antipobreza. Desde então, os demais programas têm seguido praticamente a mesma diretriz: concentração dos gastos nos mais pobres, com exigência de contrapartidas nas áreas de educação e saúde.[21] Uma questão importante foi a criação, em 2001, de um Comitê Técnico para Medidas de Pobreza, o qual definiu a pobreza com base em três níveis analíticos: alimentar/nutricional, capacidades e patrimônio (Sedesol, 2003).[22] Para 2018, o Conselho Nacional de Avaliação de

---

20 Entre 1998 e 1999 houve uma queda de 6% no orçamento da educação, 7% em saúde e 10% em políticas de alimentação — ou seja, a queda nos orçamentos desses setores teria custeado mais de um terço do crescimento verificado no orçamento do programa.

21 Oportunidades surgiu nos anos 2000, direcionado às áreas semiurbanas e urbanas do país (Silva, 2008).

22 "Definiram-se três níveis de pobreza, sendo que o nível mais profundo é a pobreza alimentar. Considera-se que as pessoas e os lares se enquadram nessa condição quando, ainda que destinem toda a sua renda para atender às suas necessidades alimentares, não conseguem garantir o consumo mínimo equivalente à cesta básica. Essas famílias, portanto, não contam com os recursos mínimos para adquirir a quantidade de alimentos necessária à sobrevivência de seus membros, tampouco para desenvolver suas capacidades ou para atender necessidades adicionais de vestimenta e moradia. Considera-se que as pessoas e os lares vivem em confições de pobreza de capacidades quando sua renda é insuficiente para cobrir conjuntamente suas necessidades básicas de alimentação, saúde e educação. [...] pobreza de patrimônio é a que enfrentam as pessoas e os lugares quando sua renda não é suficiente para satisfazer,

Política de Desenvolvimento Social (Coneval) estimou que 40% da população mexicana viviam na pobreza alimentar ou extrema. Em 2016, 72% da população mexicana viviam com ao menos uma carência social, e 22% com três ou mais carências sociais (Coneval, 2016).

O estudo de campo propiciado pelo projeto de extensão Realidade Latino-Americana nos mostrou que há uma questão estrutural no mercado de trabalho mexicano, que afeta a pobreza, retroalimentando-a. Logo, qualquer intervenção antipobreza que seja incapaz de alterar o *modus operandi* do mercado de trabalho mexicano resulta em modificação irrisória nas estatísticas do país.

As ações antipobreza no México tiveram poucos resultados efetivos em reduzir o número de pessoas que sofrem alguma privação social, pois tais intervenções foram marginais e incapazes de afetar estruturalmente o mercado de trabalho do país. Entendemos que apenas a modificação na estrutura do mercado de trabalho alterará as causas da pobreza, caminhando para reduzir os índices. No terceiro trimestre de 2018, 39,3% da população mexicana recebiam um salário inferior à cesta básica nacional (pobreza alimentar), fato que atesta a afirmação de que, sem uma alteração no mercado de trabalho, não haverá queda importante nas taxas de pobreza vigentes (Coneval, 2018). Entende-se que um aumento nos níveis salariais associado a medidas garantidoras de direitos sociais poderia ter impacto mais pronunciado na queda das taxas de pobreza.

em conjunto, suas necessidades de alimentação, saúde, educação, moradia, vestimenta e transporte (Sedesol, 2003).

REFERÊNCIAS BIBLIOGRÁFICAS

CEPAL. Base de Datos y Publicaciones Estadísticas. Disponível em: <https://estadisticas.cepal.org/cepalstat/Portada.html>. Acesso em: 26 jun. 2019.

CONEVAL. Consejo Nacional de Evaluación de de Política de Desarrollo Social. Disponível em: <https://www.coneval.org.mx/coordinacion/Paginas/monitoreo/indaprob/inicio.aspx>. Acesso em: 26 jun. 2019.

_______. Medición de la pobreza, Estados Unidos Mexicanos, 2016. Disponível em: <https://www.coneval.org.mx/Medicion/PublishingImages/Pobreza_2008-2016/Cuadro_1_2008-2016.JPG>. Acesso em: 26 jun. 2019.

JIMENEZ GARCIA, R. "Balance del sexenio de Zedillo", em Revista Académica de Economia. Observatorio de la Economia Latinoamericana, n. 51, v.1, 2005. Disponível em: <http://www.eumed.net/cursecon/ecolat/mx/2005/rgj.htm>. Acesso em: 3 mar. 2019.

LEVY, Santiago. *Good Intentions, Bad Outcomes. Social Policy, Informality and Economic Growth in Mexico*. Washington: Brook-ings Institution Press 2008.

_______. *Progress Against Poverty sustaining Mexico's Progresa Oportunidades Program*. Washington: Brookings Institution Press 2006.

MÉXICO. AUDITORÍA SUPERIOR DE LA FEDERACIÓN. Disponível em: <https://www.asf.gob.mx/Default/Index>. Acesso em: 26 jun. 2019.

PEREIRA, João Márcio Mendes. "O Banco Mundial e a construção político-intelectual do 'combate à pobreza'", em *Topoi*, v. 11, n. 21, p. 260-82, jul.-dez. 2010.

SEDESOL. Programa Institucional Oportunidades 2002-2006. Plano Nacional del Desarrollo, 2002-2006, Sedesol, 2003.

SILVA, Ana Patricia. *Mission (Im)possible? Getting CCTs to Break the Intergenerational Poverty Cicle. Lessons from Mexico*

and El Salvador. GTZ, 2008.
SZEKELY PARDO, Miguel & ORTEGA DIAZ, Araceli. "Pobreza alimentaria y desarrollo en México", em *El Trimestre Económico*, v. 81, n. 321, p. 43–105, mar. 2014. Disponível em: <http://www.scielo.org.mx/scielo.php?script=sci_arttext&pid=S2448-718X2014000100043&lng=es&nrm=iso>. Acesso em: 18 fev. 2019.
YASCHINE, Iliana. "The Changing Anti-Poverty Agenda: What can the Mexican case tell us?", em *IDS Bulletin*, v. 30, n. 2, p. 47–60, 1999.

O BOLSA FAMÍLIA VEIO DO MÉXICO?

GIOVANE GOMES DIAS

No início do século XXI, o contexto político e econômico na América Latina mudou. Após a derrocada dos governos que impuseram uma agenda socioeconômica pautada por reformas neoliberais, o subcontinente viu ascender governos eleitos pelo voto com programas de centro-esquerda, processo que mais tarde ficaria conhecido como "onda progressista". Os resultados limitados das políticas neoliberais, ancoradas nas instituições econômicas, como o Banco Mundial e o FMI, tornaram evidente a não superação de desafios estruturais dos nossos países, como a erradicação da pobreza, segundo pesquisas desenvolvidas pela Cepal.

Esse foi o contexto para o surgimento de governos com posições político-ideológicas de centro-esquerda, que enfocavam a ampliação do papel do Estado na economia e na política social, para a equidade e a inclusão. Segundo Lena Lavinas (2015), foi graças à cooperação entre os países e as organizações multilaterais, como o FMI e o Banco Mundial por meio do Banco Internacional para Reconstrução e Desenvolvimento (Bird), que as políticas públicas avançaram na área social, emergindo um novo paradigma para substituir o "modelo desastroso de 'ajuste com uma face humana'" imposto aos países em desenvolvimento por décadas (Lavinas, 2015, p. 23). Desse modo, observou-se um paradoxo: as mesmas organizações multilaterais que promoveram as políticas neoliberais na década de 1990 agora se articulavam a governos que, em muitos casos, tinham sido eleitos em oposição a essa agenda.

Foram criados, em conjunto com organizações internacionais, os Programas de Transferência Condicionada de Renda (PTCR), que tinham como principais enfoques: o alívio da pobreza a curto prazo, através de transferências de renda em formato monetário aos participantes; e a ruptura dos ciclos intergeracionais de pobreza por meio do desenvolvimento de capital humano. Ao oferecer uma bolsa condicionada à frequência escolar, supõe-se que o jovem escolarizado terá melhores condições de superar a condição de pobreza em que nasceu. Além disso, a obrigatoriedade de consultas médicas e a vacinação proporcionariam aos participantes do programa uma melhor qualidade de vida e, portanto, uma melhor perspectiva quanto ao seu futuro.

Contudo, apesar de a maioria dos programas ter esses objetivos, suas origens e trajetórias na América Latina, segundo Lavinas (2015), parecem ter sido impulsionadas por dinâmicas diferentes. É o caso dos dois maiores programas de transferência condicionada de renda da região: o Bolsa Família, no Brasil, e o Progresa, no México.

No Brasil, a origem desse programa remonta ao âmbito local, uma vez que foi desenvolvido inicialmente de modo regional em alguns municípios. O início da implementação ocorreu durante o governo de Fernando Henrique Cardoso (1994-2002), no fim dos anos 1990, com o objetivo de garantir maior proteção social, sobretudo àqueles em condição de extrema pobreza. No entanto, foi somente com a mudança da abordagem das políticas antipobreza, que deixaram de se limitar a programas de distribuição de alimentos para analisar a pobreza em sua multidimensionalidade, que o país adotou, no governo Lula (2003-2010), um programa que nasceu da junção de vários outros, como o Bolsa Escola, Brasil sem Miséria e o Fome Zero, originando o que mais tarde seria conhecido como o principal projeto dessa categoria, o Bolsa Família.

Ao contrário do Brasil, que entrou na "onda progressista", Lavinas (2015) aponta que no México o primeiro programa destinado a aliviar a pobreza extrema e a fome, condicionado à frequência escolar, foi uma iniciativa "de cima para baixo", elaborada e implementada pelo governo federal durante a década de 1990. O Progresa foi desenhado em 1997 com o objetivo de melhorar as condições de vida de famílias rurais, particularmente as mais marginalizadas no processo de liberalização econômica. Trata-se de um programa nacional de educação, saúde e alimentação, concebido como uma alternativa para melhorar a vida das futuras gerações: um enfoque que se preocupa mais com os filhos dos pobres do que com os adultos pobres.

Além disso, pode-se dizer que o Progresa é resultado de outros programas anteriormente criados com enfoques mais locais, como o Programa Nacional de Solidariedade (Pronasol), de 1988, que tinha entre seus objetivos fomentar a produção do campesinato. Contudo, diversas críticas surgiram à forma como tais programas foram implementados. De acordo com Karina Sánchez Juárez, da Universidade Autônoma Benito Juárez, de Oaxaca, o Pronasol surgiu em meio a um cenário de instabilidade política após as eleições fraudulentas de 1988. Assim, pretendia mitigar o desprestígio do novo governo eleito em meio a irregularidades. Sánchez sugere que o programa foi desenhado para conter o campesinato, servindo de mecanismo clientelista para a manutenção da ordem social, sobretudo no interior do país.

Com isso, é importante enfatizar que, apesar de ambos os programas serem parte de estratégias de combate à pobreza e à miséria impulsionados por organismos internacionais, os dois possuem pontos de origem divergentes. O programa brasileiro, como visto, surgiu após a mudança da perspectiva do governo quanto ao combate da pobreza no país, tomando como base uma posição política mais de centro-esquerda. Havia uma preocupação em diminuir os altos índices de pobreza e de pobreza extrema, a fim de fomentar a economia e obter uma melhor distribuição de renda, combatendo, sobretudo, a desigualdade. Já o programa mexicano, que emergiu em meio à abertura econômica e financeira, surgiu como um modo de gestão das consequências da crise enfrentada pelo país na década de 1980 — e como uma forma de amenizar as lutas sociais, em uma perspectiva "de cima para baixo" (Lavinas, 2015). Após uma reformulação, o Progresa passou a se chamar Prospera e, posteriormente, Oportunidades, considerado uma importante inspiração para os programas na região, dado que se constitui como o mais antigo programa desse tipo no subcontinente.

REFERÊNCIAS BIBLIOGRÁFICAS

BARBA, Carlos B. "Los enfoques latinoamericanos sobre la política social: más allá del Consenso de Washington", em *Espiral*, v. 11, n. 31, set.-dez. 2004.

CEPAL. Panorama Social da América Latina 2018.

CONEVAL. Medición de la Pobreza 2008–2016. Estimaciones de pobreza en México y para cada entidad federativa, 2016.

INEGI. Instituto Nacional de Estadística y Geografía. Objetivos de desarrollo sostenible, 2018.

LAVINAS, Lena. "Latin America: Anti-Poverty Schemes Instead of Social Protection", em *Contemporary Readings in Law and Social Justice*, v. 7, n. 1, jan. 2015, p. 112–71.

SAGI. Secretaria de Avaliação e Gestão de Informação. Bolsa Família e Cadastro Único. Ministério da Cidadania, 2019.

SEDESOL. Programa Institucional Oportunidades 2002–2006. Plano Nacional del Desarrollo, 2002–2006, Sedesol, 2003.

SOUZA, Luciana Rosa de. *Path Dependence nas ações anti-pobreza: os exemplos de México, Brasil e Peru*. Beau Bassin: Novas Edições Acadêmicas, 2018.

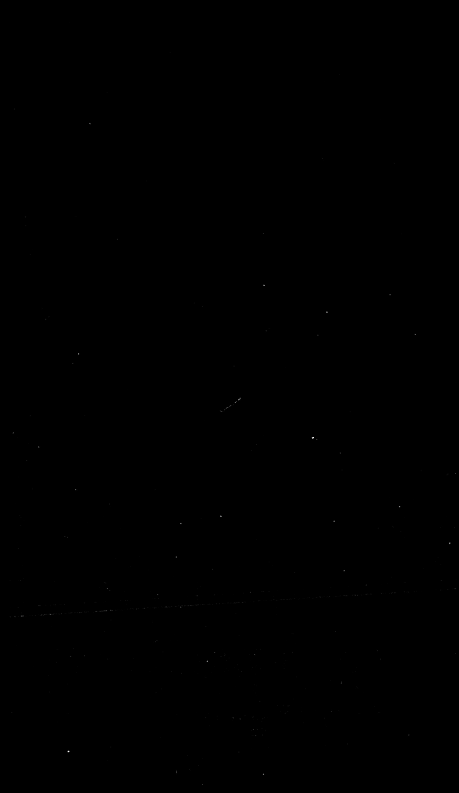

PARTE III
LUTAS

COMO ENTENDER A TRADIÇÃO DE LUTAS POR AUTONOMIA NO MÉXICO?

MANUEL GARZA ZEPEDA

A insurreição do Exército Zapatista de Libertação Nacional (EZLN) em 1994 constitui uma das lutas populares mexicanas mais conhecidas em todo o mundo. Em seus 25 anos de existência pública, que se completam em 2019, o movimento transitou por abordagens diversas: desde a declaração de guerra ao governo mexicano, passando por negociações para o reconhecimento dos direitos e da autonomia indígena na Constituição, até a construção de um projeto de autonomia de fato, em reação ao descumprimento, pelo governo federal, dos acordos assinados.

No entanto, as lutas pela autonomia no país não se reduzem à experiência do EZLN e tampouco se sujeitam necessariamente a um "modelo" zapatista. Pelo contrário, incluem uma grande variedade de processos, com múltiplas perspectivas e vitórias concretas. Em muitas delas, porém, mesmo em meio à diversidade, é possível encontrar algo em comum, como a defesa ou a busca de formas de autodeterminação, de organizar aspectos da vida coletiva por si mesmos. Como entender essa presença notável de aspiração por autonomia coletiva no país?

Para compreendê-la, é necessário retomar a história do México, inclusive antes de sua existência como Estado nacional. Não pretendo afirmar que o autonomismo é uma espécie de essência a-histórica que se manteve ao longo dos anos, mas desenvolvo neste texto a ideia de que, para entender os sujeitos coletivos e individuais e as lutas concretas, é preciso recorrer à história — uma história que permita compreender como se configuraram, sobretudo na resistência, os sujeitos, suas formas de relação política e os seus modos de lutar.

A empresa de conquista e colonização espanhola dos territórios que hoje são parte do México não conseguiu destruir por completo as formas de vida, relação e organização coletiva dos povos indígenas — apesar de não restarem dúvidas acerca da barbárie que a acompanhou. Para isso contribuiu, junto com os esforços de reconfiguração dos modos de vida indígena, a concepção da monarquia espanhola de que o império estava constituído por corpos ou coletivos, e não por indivíduos. A dominação espanhola do que hoje é o México, ao reconhecer direitos de caráter corporativo, tornou possível a persistência de diversas autonomias de caráter territorial. A forma de *pueblo* que tomaram grupos indígenas significava não somente a persistência de formas coletivas de propriedade da terra, mas também de relações sociais, de modos particulares de organizar a vida coletiva que não tinham como centro o indivíduo.

Os povos indígenas souberam empregar a seu favor as instituições políticas e o direito colonial na defesa de suas formas de propriedade e de se relacionar. Dessa forma, o território e os seus recursos eram administrados e usufruídos coletivamente. A ideia e a defesa do coletivo persistiram durante toda a época colonial, embora com mudanças. Subsistiram, porém, graças à capacidade de se adaptar às instituições e às relações políticas e, ao mesmo tempo, adequá-las aos seus próprios interesses.

O nascimento do México independente trouxe novos desafios a esses povos, que também souberam enfrentá-los. Inclusive, recorreram à insurreição aberta para defender as formas de propriedade coletiva quando necessário. Como as constituições liberais se baseavam no direito do indivíduo, os povos no México responderam durante todo o século XIX com rebeliões camponesas e guerras indígenas.

Os esforços de construção do Estado nacional moderno não puderam ignorar a persistência dos imaginários, das práticas e das formas de relação e de propriedade de caráter coletivo. Isso aconteceu não por um reconhecimento expresso das elites na conformação das novas formas de relação política, mas pela resistência dos povos. As instituições do Estado nacional se construíram não no calor da plácida deliberação parlamentar, mas em meio à resistência ativa de relações sociais baseadas no âmbito coletivo. As diversas facções que se confrontaram durante o século XIX para organizar politicamente o país basearam sua força no apoio armado dos povos, vendo-se obrigadas a fazer-lhes concessões.

A Revolução Mexicana, que, segundo o historiador e cientista político Adolfo Gilly, foi uma imensa guerra camponesa pela terra, resguardou a presença das formas coletivas de vida dos povos. O reconhecimento do direito à terra das comunidades e dos *ejidos*, no artigo 27 da Constituição de 1917, é fruto dessa persistente resistência.

Independentemente da necessidade de adequação às mudanças sociais e políticas, das formas transfiguradas que podem ter sido adotadas nas instituições e nas relações políticas, não se pode negar a persistência de imaginários relativos às formas de vida baseadas na comunidade. A autonomia reconhecida na Constituição vigente no município, forma básica de organização política no país, foi aproveitada pelas comunidades para recriar, com todas as suas contradições, formas próprias de organização de vida. Portanto, pode-se dizer que a presença do coletivo na configuração histórica da organização política do país permitiu a subsistência de modos de vida, de concepções de mundo, de gestão e aproveitamento do território e dos bens materiais baseados na comunidade. Essa persistência dá conteúdo a lutas que, diante de adversários atuais — como os projetos de extração mineira, produção de energia eólica ou grandes obras de infraestrutura —, se sustentam na aspiração, nunca derrotada, de preservar e exercer formas de vida centradas na comunidade, na solidariedade, no trabalho comum e na reciprocidade.

REFERÊNCIAS BIBLIOGRÁFICAS

ANNINO, Antonio. "Otras naciones: sincretismo político en el México decimonónico", em GUERRA, Francois-Xavier & QUIJADA, Mónica (orgs.). *Imaginar la nación*. Münster-Hamburg: LIT Verlag, Asociación de Historiadores Latinoamericanistas Europeos, *Cuadernos de Historia Latinoamericana*, n. 1, 1994, pp. 216–55.

______. "Soberanías en lucha", em ANNINO, Antonio; LEVYA, Luis Castro & GUERRA, Francois-Xavier (orgs.). *De los imperios a las naciones: Iberoamérica*. Zaragoza: Ibercaja; Caja de Ahorros y Monte de Piedad de Zaragoza, Aragón y Rioja, 1994, pp. 229–57.

GILLY, Adolfo. *La revolución interrumpida*. México: El caballito, 1988.

LEMPÉRIERE, Annick. "¿Nación moderna o República barroca?", em GUERRA, Francois-Xavier & QUIJADA, Mónica (orgs.). *Imaginar la nación*. Münster-Hamburg: LIT Verlag, Asociación de Historiadores Latinoamericanistas Europeos, *Cuadernos de Historia Latinoamericana*, n. 1, 1994, pp. 135–77.

ROUX, Rhina. *El príncipe mexicano: subalternidad, historia y Estado*. México: ERA, 2005.

O QUE SÃO AUTODEFESAS? O CASO DE CHERÁN

EDUARDO ELIAS GAMINO CARDOSO

Em 1992, o governo de Carlos Salinas de Gortari (1988-1994) tornou constitucional uma emenda que caracteriza o país como uma nação pluricultural com base indígena. A medida não passou de mera formalidade, já que as comunidades indígenas continuaram sendo repetidamente violentadas de diversas formas.

Em paralelo, com a desarticulação dos grandes cartéis colombianos, a fabricação e a exportação de drogas no México cresceram exponencialmente, tornando o país palco de violências com a cumplicidade do Estado. Tais acontecimentos foram decisivos para o surgimento de novas formas de organização política e social.

Apesar de se tornarem conhecidas há apenas alguns anos, as autodefesas estão registradas na história do México desde 1912. Nessa época eram conhecidas como *guardias municipales*, nas quais as populações das diversas terras comunitárias eram responsáveis pela segurança e manutenção da ordem. Nelas, a organização política e social era determinada pelo coletivo, a partir de assembleias, nas quais as decisões eram tomadas em conjunto. Entretanto, a consolidação do Estado mexicano e a sua crescente centralização fizeram com que as autodefesas se desarticulassem e perdessem relevância, diante da criação das polícias locais e da burocratização do aparato político.

Nas décadas de 1980 e 1990, o crime organizado ganhou relevância no cenário nacional, atrelando-se cada vez mais ao Estado. Nesse contexto, a diversificação das fontes de renda dos cartéis se tornou inevitável. O controle de cidades, objetivando explorar matérias-primas e terrenos férteis para a extração de bens ou plantação de alimentos para exportação, era cada vez mais constante. Assim, um mercado paralelo surgiu sem que houvesse muito esforço do Estado para desfazê-lo, acentuando a corruptibilidade dos agentes estatais. Além disso, o aumento da violência nessas regiões, ocasionada por esse controle paralelo dos cartéis, alimentou a sensação de impunidade e de alienação das vontades populares, que deveriam ser representadas pelos políticos eleitos. Esse cenário contribuiu para reacender a tradição autonomista dos povos originários mexicanos, fazendo as comunidades questionarem e enfrentarem o suposto monopólio legítimo do uso da força pelo Estado, tornando as autodefesas novamente atuantes no país.

Um dos casos mais relevantes é o de Cherán, no estado de Michoacán. Sofrendo diariamente com as violências orquestradas pelos Cavaleiros Templários — cartel dissidente do grupo La Familia —, os habitantes da cidade, liderados por mulheres, expulsaram a indústria madeireira comandada pelo crime organizado. Depois de anos de extração ilegal dos pinheiros da região, parte da identidade do povo purepecha, para exportação para a Ásia, a população se rebelou em 2011. Após uma tentativa de diálogo infrutífera com os madeireiros, as mulheres tomaram alguns caminhões e fizeram os traficantes reféns. Os moradores da cidade se uniram à luta com o objetivo de eliminar o grupo da região. O nível de corrupção das estruturas estatais era tal — há relatos de que o posicionamento da polícia local era favorável aos traficantes — que, ao final, tanto a polícia quanto os políticos foram expulsos da cidade.

Posteriormente formou-se uma série de estruturas populares visando à coletividade do poder. Atualmente, a segurança da cidade é feita pela Ronda Comunitária, composta por homens e mulheres, vigiando desde o bosque até a Igreja de São Francisco, no centro, além de averiguar os veículos que passam pela região. Em relação aos crimes cometidos, quando são menores, passam por análise e julgamento interno, uma espécie de justiça popular, nos quais multas e trabalho comunitário, por exemplo, são impostos como pena. É importante ressaltar que, desde a tomada do poder, nenhum crime grave, como assassinato ou estupro, foi encaminhado ao procurador-geral da cidade — eleito por voto direto através das assembleias populares —, mesmo sendo o estado de Michoacán um dos mais violentos do México.

Os terrenos em Cherán também são comunitários e necessitam de permissão das autoridades para qualquer atividade, como o corte de árvores. Como a cidade ainda não é autônoma, pois depende de recursos estaduais e federais, é necessária a eleição de um cidadão que represente a população em trâmites burocráticos e discussões administrativas. Assim, forma-se o comitê municipal, no qual cada bairro (são quatro, no total) elege quatro representantes e, dentre os dezesseis eleitos, um é escolhido por eles para cumprir esse papel.

Críticas e questionamentos surgem a respeito desse movimento. Argumenta-se que entregar à população o juízo de crimes locais é perigoso, pois facilita o mau julgamento. No entanto, quem defende tal visão confunde julgamento popular com linchamento popular, carregado de motivações conservadoras, mesmo que ambos tenham sua gênese na mesma ocorrência: a violência urbana.

Há grande diversidade de correntes de opinão sobre as autodefesas. Sob certo aspecto, negar o direito de proteção construído pelos de baixo, em sua maioria sem contato com influências teóricas políticas que pudessem impedir a cooptação dessas organizações, é privilegiar a manutenção da insegurança coletiva, perpetuando a violência e enfraquecendo populações desamparadas pelo Estado.

O governo de Andrés Manuel López Obrador enfrentará alguns desafios para lidar com essa forma de organização político-social. As pressões do governo de Enrique Peña Nieto (2012–2018) com o intuito de desarticular as autodefesas, transformando-as em *policías comunitarias*,[23] podem afetar a negociação do atual governo com essas comunidades. Entretanto, como as autodefesas carecem de um direcionamento ideológico claro — diferentemente dos zapatistas, que não se aproximam do atual presidente por considerá-lo parte do sistema —, o governo poderá se utilizar dessa característica para criar um diálogo contínuo, objetivando o aparelhamento de tais comunidades.

Certo é que a desconfiança em relação à administração federal, marcada por um histórico de corrupção, permanecerá, fazendo com que as prováveis negociações não se desenvolvam enquanto López Obrador não lidar com os problemas estatais — razão para a ascensão das autodefesas.

23 As *policías comunitarias*, inspiradas nas autodefesas, atuam desde 1995 e funcionam de maneira diferente, já que incorporaram o Estado em sua atuação. Tais forças de segurança detêm e entregam os suspeitos às forças nacionais. Após a desarticulação de algumas autodefesas, Peña Nieto propôs tornarem-se polícias comunitárias, já que reduziria o orçamento e deixaria à cargo das comunidades sua própria segurança, sem que haja desestruturação do aparato político.

REFERÊNCIAS BIBLIOGRÁFICAS

BASCHET, Jérome. "¡Rebeldía, resistencia y autonomia!", em *Junetik Conatus*, 2018.

CALDERÓN, Verónica. "As autodefesas avançam no México", em *El País*, 5 jan. 2014. Disponível em: <https://brasil.elpais.com/brasil/2014/01/05/internacional/1388947127_151089.html>. Acesso em: 12 de jan. de 2019.

GLEDHILL, John. "Limites da autonomia e da autodefesa indígena: experiências mexicanas", em *Mana*, v. 18, n. 3, p. 449-70, dez. 2012. Disponível em: <http://www.scielo.br/scielo.php?script=sci_arttext&pid=S0104-93132012000300002&lng=en&nrm=iso>. Acesso em: 1º mar. 2019.

GUERRA MANZO, Enrique. "Las autodefensas de Michoacán: Movimiento social, paramilitarismo y neocaciquismo", em *Política y Cultura*, n. 44, pp. 7-31, 2015. Disponível em: <http://www.scielo.org.mx/scielo.php?script=sci_arttext&pid=S0188-77422015000200002&lng=es&nrm=iso>. Acesso em: 20 abr. 2019.

MASTROGIOVANNI, Federico. "Complexas e diversas, autodefesas mexicanas intrigam esquerda e direita", em *Opera Mundi*, 30 jan. 2014. Disponível em: <https://operamundi.uol.com.br/noticia/33699/complexas-e-diversas-autodefesas-mexicanas-intrigam-esquerda-e-direita>. Acesso em: 15 fev. 2019.

______. "Michoacán: autodefesas surgem em contexto de paramilitarização do México", em *Opera Mundi*, 30 jan. 2014. Disponível em: <https://operamundi.uol.com.br/noticia/33698/michoacan-autodefesas-surgem-em-contexto-de-paramilitarizacao-do-mexico>. Acesso em: 1º fev. 2019.

______. "Crime organizado produz rotina de assassinatos, estupros e mineração ilegal em Michoacán", em *Opera Mundi*, 5 jan. 2014. Disponível em: <https://operamundi.uol.com.br/noticia/33178/crime-organizado-produz-roti-

na-de-assassinatos-estupros-e-mineracao-ilegal-em-michoacan>. Acesso em: 10 fev. 2019.
PRESSLY, Linda. "Cheran: a cidade mexicana onde as mulheres expulsaram policiais, políticos e traficantes", em *BBC*, 13 out. 2016. Disponível em: <https://www.bbc.com/portuguese/internacional-37643745>. Acesso em: 7 fev. 2019.
S. "Sobre as autodefesas comunitárias no México", em *Passa Palavra*, 22 jul. 2014. Disponível em: <http://passapalavra.info/2014/07/97928/>. Acesso em: 10 jan. 2019.
TAIBO, Carlos. *Anarquista de ultramar: anarquismo, indigenismo y descolonización*. La Reci, 2018.
WOLDENBERG, Laura & SERAFÍN, Juan J. E. "A Rebelião de Cherán, México", em *Vice*, 25 jul. 2012. Disponível em: <https://www.vice.com/pt_br/article/4xgavp/a-rebeliao-de-cheran-mexico>. Acesso em: 8 fev. 2019.

PRIMER FESTIVAL DE CINE ZAPATISTA
PUY TA CUXLEJALTIC
Caracol de nuestra vida
EZLN
el cine imposible

COMO ESTÁ O ZAPATISMO?

ALEJANDRO REYES
LUCIANA ACCIOLY

Primeiro de janeiro de 2019. O silêncio de fim de tarde na Selva Lacandona é rompido com o som ritmado de milhares de cassetetes batendo em uníssono. Na imensa praça do Caracol de La Realidad (um dos cinco centros administrativos do governo autônomo zapatista), o Subcomandante Galeano comanda a entrada dos insurgentes. Primeiro, um esquadrão de motocicletas. Depois, uma tropa a cavalo. E então se pode ver uma maré interminável de guerrilheiros mascarados marchando com seus cassetetes, preenchendo o espaço aos poucos, até ficar inteiramente cheio. São três mil combatentes da 21ª Divisão de Infantaria Zapatista, que 25 anos atrás surpreendeu o mundo tomando sete cidades no estado de Chiapas, reforçada agora por guerrilheiros jovens, muitos dos quais nem tinham nascido naquele 1º de janeiro de 1994.

Quem esteve em La Realidad nesse dia presenciou a maior mobilização militar do Exército Zapatista de Libertação Nacional depois daqueles primeiros momentos da "guerra contra o esquecimento", quando, apenas doze dias após o início dos combates, os zapatistas decidiram apostar na construção pacífica de "outro mundo possível", e nunca mais usaram as armas. Por que essa demonstração de força agora, justamente quando milhões de mexicanos celebram a chegada ao poder do governo "populista", "de esquerda", de Andrés Manuel López Obrador?

O zapatismo é incômodo, sempre foi. Quando, naquele réveillon de 1994, apareceram no sudeste mexicano declarando guerra ao governo, estragaram a festa do poder e das classes médias mexicanas, que celebravam o suposto ingresso do país ao clube do "primeiro mundo", com a entrada em vigor do Nafta. Mas não só. Estragaram também a festa daqueles que afirmavam o fim da história e o triunfo definitivo do capitalismo.

Cinco anos depois da queda do Muro de Berlim, quando as esquerdas pareciam ter perdido a bússola, um novo ar de esperança sacudiu o mundo: uma alternativa ao capitalismo era possível. Essa luz de esperança motivou o nascimento de muitos movimentos anticapitalistas e antiglobalização na década de 1990. A ressonância dessa sacudida teve muito a ver com o caráter assaz *sui generis* dessa guerrilha, tão longe das formas e dos discursos dos tradicionais movimentos marxistas. Não era um retorno à dualidade da Guerra Fria; tratava-se de "outra coisa muito outra".

Esse caráter tão peculiar foi gestado ao longo de dez anos de clandestinidade nas montanhas e nas selvas de Chiapas. Um processo que começou com a chegada de seis guerrilheiros (três mestiços e três indígenas) em 1983 e que, aos poucos, se transformou em um exército com centenas de milhares de insurgentes e bases de apoio indígenas. Um processo de hibridação — de antropofagia, talvez —, em que o espírito revolucionário vanguardista daqueles primeiros guerrilheiros foi deglutido pelas comunidades indígenas (digerindo o revolucionário e descartando o vanguardismo), criando um movimento profundamente indígena e, ao mesmo tempo, cosmopolita, em singular sintonia com as necessidades daquele momento histórico de neoliberalismo e globalização.

Foi essa sintonia com os tempos e suas dores que seduziu milhões de mexicanos, que se mobilizaram para frear os massacres cometidos pelo exército e parar a guerra. O povo concordava com o "*¡Ya basta!*" zapatista, mas não queria a guerra. E os zapatistas souberam escutar e deixaram as armas de lado, começando um processo de interlocução com o Estado e, sobretudo, com a sociedade.

Essa segunda fase (a da palavra) resultou nos Acordos de San Andrés, que garantiam aos povos indígenas do país o direito de se autogovernar e controlar os recursos naturais dos seus territórios. Mas o Estado não os cumpriu e, de 1996 a 2001, os zapatistas tentaram, por meio de iniciativas pacíficas muito criativas, forçar o governo a fazê-lo. Em 2001, após a imensa Marcha da Cor da Terra, os três maiores partidos políticos do país — PRI, PAN e PRD — traíram os acordos com uma reforma constitucional que negava a sua essência. A partir de então, os zapatistas cortaram toda a comunicação com o Estado e decidiram implementar os acordos em seus territórios sem pedir permissão a ninguém. Eis que começa a terceira fase do zapatismo: a construção da autonomia — demonstrar, na prática, que "outro mundo é possível".

Criaram assim os sistemas autônomos de educação e saúde, com escolas e clínicas em todo o território, sistemas produtivos e cooperativas, sistemas de comunicação e transporte. Em 2003, fundaram os Caracóis (centros administrativos) e as Juntas de Bom Governo, talvez a experiência de democracia direta mais ambiciosa do mundo, orientada pelos sete princípios do "mandar obedecendo", segundo os quais "o povo manda e o governo obedece". Criaram também um sistema de justiça próprio baseado nas tradições indígenas e revolucionaram as relações de gênero nas comunidades, tradicionalmente muito injustas para as mulheres.

Mas a experiência zapatista não se limita às próprias comunidades. Ela é, também, uma luta nacional e internacional. Assim, em 2005, o EZLN lançou a Sexta Declaração da Selva Lacandona, um convite a criar um movimento antissistêmico global, com a multiplicação das autonomias e sua vinculação horizontal em rede para enfrentar o capitalismo, o Estado, o patriarcado e os imperativos da modernidade.

O primeiro passo foi a Outra Campanha: durante o ano de 2006, o Subcomandante Marcos viajou pelo país inteiro, não para fazer promessas ou procurar adeptos ao zapatismo, mas para escutar. A intenção era que, nessa escuta de muitas vias das dores diferentes e similares, surgisse uma luta nacional contra o inimigo comum: o sistema capitalista. Posteriormente, promoveram uma série de encontros internacionais em seus territórios, de 2006 a 2008, para estender mundialmente essa luta.

O ambiente de repressão e sucesso parcial da iniciativa os levou a quase quatro anos de silêncio, de reestruturação — silêncio esse que foi quebrado em 2012, paradoxalmente, com a Marcha do Silêncio. A partir daí, houve uma iniciativa após a outra: a "Escolinha da liberdade segundo os zapatistas", onde cerca de seis mil pessoas conviveram nas comunidades durante uma semana e experimentaram o que significa a autonomia na prática; a "morte" do Subcomandante Marcos e a ressureição do companheiro Galeano, assassinado num ataque paramilitar em La Realidad, em 2014, "reencarnando" em maio desse ano no Subcomandante Galeano (Radio Zapatista, 2014); a definição das artes e das ciências como eixo de luta; e os três grandes encontros de arte realizados até agora: os CompArte pela Humanidade, "porque a arte não tenta reajustar ou consertar a máquina. Ela faz algo mais subversivo e inquietante: ela mostra a possibilidade de outro mundo" (Subcomandante Galeano, 2018); dois grandes encontros de ciências, os "ConCiências pela Humanidade", em que duzentos alunos zapatistas foram encarregados de replicar os conhecimentos nas comunidades; um festival de cinema; vários seminários de pensamento crítico; o "Encontro Internacional, Político, Artístico, Desportivo e Cultural de Mulheres que

Lutam"; e a conformação do Conselho Indígena de Governo, uma espécie de junta de bom governo nacional, que reúne os povos indígenas do país organizados no Congresso Nacional Indígena.

Nessa história de 25 anos, resumida aqui brevemente, é necessário ressaltar alguns eixos. Um deles é o convite a pensar e a agir de outras formas. Perante as escolhas oferecidas pelo sistema, fazer outra coisa. Todas as iniciativas do EZLN têm sido muito surpreendentes, nos forçando a olhar o mundo de novas formas. Fundamental neste outro modo de fazer política é o olhar "desde baixo e à esquerda" (do lado do coração). Para os zapatistas, as soluções nunca vêm de cima; elas se constroem nas bases, de baixo para cima.

A autonomia tem a ver com isso. A crença de que podemos governar a nós mesmos. A autonomia radical zapatista implica cortar toda dependência e toda relação com o Estado, considerado irreformável, parte fundamental do problema. E implica, também, tentativas cada vez mais ousadas de cortar a dependência do capital. Criar "outro mundo possível" em vez de tentar "consertar a máquina".

Nada disso é especulação: na experiência zapatista, teoria e prática caminham juntas. Mas a ideia não é copiar a experiência zapatista em outros contextos. A proposta é "construir um mundo onde caibam muitos mundos". Não só a aceitação da diferença, mas a sua politização. A diversidade como eixo fundamental na construção de alternativas.

A memória é outro eixo. "Caminhar para a frente olhando para trás." Ou, como disse o Subcomandante Galeano recentemente, "quando olhamos para o horizonte não estamos sonhando, estamos lembrando" (*apud* Conservatório, 2018). Trata-se de uma rejeição radical do "progresso" perpétuo da modernidade.

Finalmente, em anos recentes o EZLN tem lançado uma série de metáforas para falar sobre o estado atual do mundo. A tormenta, o apocalipse, o colapso. Impossível desenvolver aqui o diagnóstico zapatista sobre nossa situação atual. Basta dizer que, em seminários de pensamento crítico e outros espaços, uma reflexão profunda sobre os nossos tempos nos leva a perceber uma catástrofe vindoura que já começou e que afeta, primeiro, os povos originários, que são os que vivem nos territórios em disputa pela voracidade do capital. Perante isso, a proposta é semear vida em tempos de morte. Criar alternativas na prática. Formas outras de sermos e de nos relacionarmos com os outros e com a natureza, de nos organizarmos política e socialmente. E essa responsabilidade é de todos. Por isso a pergunta, reiterativa e incisiva: "E vocês, quê?".

Voltamos assim ao começo. Enquanto a maioria da população mexicana e da esquerda (e do capital) mundial celebra o governo Andrés Manuel López Obrador, os zapatistas entendem que a proposta é de devastação fantasiada de progressismo. Uma política econômica violenta de exploração extrativista (o Trem Maia, o corredor transístmico, o projeto integral Morelos, petróleo, mineração, megaturismo, zonas econômicas especiais, tudo isso de mãos dadas com a criação da Guarda Nacional, que nada mais é que a militarização do país). "Vamos enfrentar, não vamos permitir que passe aqui esse seu projeto de destruição", disse o Subcomandante Moisés em La Realidad (Radio Zapatista, 2019).

Nesse cenário nacional e mundial, construir alternativas parece tarefa de Sísifo. Eles mesmos admitem que se trata de uma milionésima cifra de possibilidade. E, no entanto, é a única saída possível. Nela apostam tudo, e nos convidam a caminhar juntos. Como eles mesmos disseram recentemente, "tudo parece impossível na véspera" (Galeano, 2018). E poderíamos acrescentar, como Camus: é preciso imaginar um Sísifo feliz.

CONSERVATÓRIO. "Olhares, escutas, palavras: proibido pensar?" Universidade de Terra, San Cristóbal de las Casas, México, 15-25 abr. 2018. Disponível em: <https://radiozapatista.org/?page_id=26389>. Acesso em: 26 jun. 2019.

RADIO ZAPATISTA. "21 de diciembre de 2012: El sonido de la esperanza zapatista." Disponível em: <https://radiozapatista.org/?p=7402>. Acesso em: 26 jun. 2019.

_______. "25 aniversario del inicio de la guerra contra el olvido". Disponível em: <https://radiozapatista.org/?page_id=30081>. Acesso em: 26 jun. 2019.

_______. "Entre la luz y la sombra: Últimas palabras del Subcomandante Marcos antes de dejar de existir", 25 mai. 2014. Disponível em: <https://radiozapatista.org/?p=9766>. Acesso em: 26 jun. 2019.

_______. "Palabras del CCRI-CG del EZLN a los pueblos zapatistas en el 25 aniversario del inicio de la guerra contra el olvido." Disponível em: <https://radiozapatista.org/?p=29835>. Acesso em: 25 jun. 2019.

SUBCOMANDANTE GALEANO. "El 'cine imposible'." Discurso durante o festival de cinema Puy ta Cuxlejaltic, no caracol de Oventik, nov. 2018. Vídeo e áudio disponíveis em: <https://radiozapatista.org/?p=29389>. Acesso em: 25 jun. 2019.

COMO OS MOVIMENTOS SOCIAIS VEEM LÓPEZ OBRADOR?

BRUNA DE CÁSSIA LUIZ BARBOSA
GABRIELA LIMA SANTOS
TAYNA APARECIDA RIBEIRO DE SOUZA

Nos discursos eleitorais, o então candidato Andrés Manuel López Obrador mostrou-se próximo aos movimentos sociais, revelando-se aberto ao diálogo e um incentivador da democracia participativa. No pronunciamento de posse, em 1º de dezembro de 2018, essas promessas se tornaram mais fortes. Dentre os numerosos compromissos que assumiu, destacamos aqueles voltados para a educação, com a oferta de bolsas para estudantes em condição de pobreza, além de reafirmar o ousado projeto de construir cem universidades públicas pelo país. Prometeu ainda dar mais ênfase aos povos indígenas na formulação dos programas de governo; prestar apoio econômico às comunidades camponesas; dedicar esforços para a investigação do desaparecimento dos 43 estudantes de Ayotzinapa; respeitar o direito de liberdade de expressão; entre outros. Por fim, prometeu que a comunicação entre o governo e o povo se manterá. Demonstrando-se mais disposto a conectar-se com as camadas populares, López Obrador carrega o desafio de transmitir confiança para a população e, ainda, para os movimentos sociais.

Em nossa viagem de trabalho de campo, escutamos também o outro lado: ao visitar e conversar com alguns movimentos[24] de resistência no México, pode-se ter ideia da forma com que cada um lida ou o que espera desse governo. Neste texto, serão abordadas as expectativas de alguns movimentos visitados: setores do movimento estudantil da Universidade Nacional Autônoma do México (Unam); a Cooperativa de Vivienda Palo Alto; o movimento de mulheres MAKALIPT; o zapatismo; alguns movimentos camponeses; jornalistas da imprensa independente e, ainda, alguns acadêmicos das principais universidades do país.

O MOVIMENTO ESTUDANTIL E A LUTA CONTRA A VIOLÊNCIA

O movimento estudantil mexicano representa uma resistência histórica, lutando por direitos e justiça. Nesse contexto, dois episódios trágicos mostram como a sua organização é considerada uma ameaça ao poder estabelecido e como são combatidos pelos mecanismos institucionais.

Na noite de 2 de outubro de 1968, durante um protesto pacífico na capital do país, o Exército abriu fogo contra uma multidão de estudantes, deixando mais de duzentos mortos. O caso tornou-se conhecido como o Massacre de Tlatelolco. Acredita-se que a motivação para o ataque tenha sido silen-

---

24 Centro de Direitos Humanos Miguel Agustín Pro Juárez A.C. (Centro Prodh); Coletivo "Cultura de Paz y Noviolencia" da Unam; Comitê organizador do Juicio Popular Comunitario Contra el Estado y las Empresas Mineras; Comunidade de San Luis de Tecuahutitlán; Comunidade de San Pablo Tecalco; Cooperativa Palo Alto; MAKALIPT.

ciar o movimento estudantil às vésperas dos Jogos Olímpicos do México, no governo de Gustavo Díaz Ordaz (1964–1970).

Mais recentemente, outro episódio marcante foi o desaparecimento dos 43 estudantes de Ayotzinapa, em 26 de setembro de 2014, discutido em outro capítulo deste livro. Na Cidade do México, pode-se observar manifestações através de fotos e antimonumentos[25] pedindo por justiça. Frases como "Onde estão?" são comuns pelas ruas da cidade.

Atualmente, o coletivo Cultura de Paz y Noviolencia, movimento estudantil da Unam, apresenta como pautas de atuação: a manutenção da universidade pública gratuita; a assistência aos alunos vítimas de agressão; assistência aos familiares de alunos que desapareceram ou foram mortos; e, ainda, a promoção de políticas de combate à violência e ao feminicídio dentro da universidade. O coletivo diz não ter nenhum diálogo com o governo e, em linhas gerais, não demonstra otimismo quanto à gestão de Obrador, embora alguns membros acreditem ser possível que o novo governo seja mais acessível que os anteriores.

MOVIMENTO DE MULHERES E O APOIO À RESISTÊNCIA

MAKALIPT é um movimento de mulheres fundado em 2015 com o objetivo principal de fomentar um espaço onde as mulheres possam se expressar em rodas de conversa. Posteriormente, evoluiu para um movimento feminista que abraça

25 Antimonumento é um tipo de monumento que, em vez de celebrar e homenagear eventos e figuras históricas, tem por objetivo provocar lembrança sobre a violência e prestar homenagem aos mortos.

diversas lutas, como o acolhimento às mulheres vítimas de violência. Para as representantes — cujas iniciais formam o nome do grupo —, o diálogo com o governo pode ser importante para a conquista de medidas que protejam as mulheres. Acreditam que um presidente com um discurso mais progressista pode favorecer políticas públicas, visto que o machismo está institucionalizado no México, como refletido nos altos índices de feminicídios.

LUTAS PELO DIREITO À HABITAÇÃO E O DIREITO À TERRA

A Cooperativa de Vivienda Palo Alto é um projeto de habitação baseado na ajuda coletiva localizada em Santa Fé, área nobre da Cidade do México. Foi fundada por mulheres em 1982 para proteger o direito de viverem nas terras onde suas famílias, formadas por trabalhadores mineiros que migraram para a capital na década de 1940, consolidaram seu espaço de sobrevivência. Atualmente, a área de 47,6 mil metros quadrados está cercada por prédios de grandes empresas, que assediam esses moradores para que vendam suas casas. No entanto, a cooperativa segue com sua rotina e mantém as atividades de construção de moradias para os cerca de três mil integrantes.

Palo Alto é considerado um lugar seguro na capital, apesar de o governo classificá-lo como "zona vermelha". Para Luiz Marques, um dos atuais líderes, "não existe lugar melhor para viver". Com respeito à relação da organização com o governo local, Luiz e os demais representantes afirmam que o diálogo não existe, apesar de os membros manterem o acesso aos serviços públicos na comunidade. Para eles, o Estado será sempre o Estado, independente da posição político-ideológica do governo.

Outra variação de luta pela defesa do território é a dos povos originários pelo direito à terra. Muitos mexicanos possuem forte ligação com seus territórios e, por causa disso, estão em constante luta contra a mineração e o extrativismo, buscando preservar vivências, histórias, culturas, costumes e ancestralidades, enraizadas por todo o país.

Em dezembro de 2018 aconteceu no estado de Oaxaca o Tribunal Popular Comunitário contra o Estado e as empresas mineiras da região. No evento, que contou com a presença de lideranças de aproximadamente 52 povoados, foi enfatizado que as empresas mineradoras instaladas no local não promovem o desenvolvimento social. Com o grito de "sim à vida, não à mineração", a população exige que os contratos de concessão sejam cancelados. Além disso, clamam por esclarecimento e justiça para os desaparecimentos, assassinatos e agressões que ocorrem motivados pela disputa territorial. Segundo a população local, o extrativismo tem sido o responsável por aumentar a pobreza e a imigração. Ademais, o governo encontra-se em silêncio com relação às demandas do povo, tendo em vista que alguns postos de água da região estão sob suspeita de contaminação. Por isso, o tribunal pronunciou-se não apenas contrário às mineradoras, mas também ao Estado.

Outra vivência do grupo durante a viagem foi uma visita ao povoado de San Luís Tecuahutitlán. A comunidade possui 5,6 mil habitantes que reivindicam o direito sobre o território, lar de seus familiares através dos anos, mas que atualmente sofre ameaças com a chegada das grandes construtoras e empresas extrativistas voltadas para a exploração de recursos naturais, além da construção do novo aeroporto da Cidade do México, na região de Texcoco — projeto que foi suspendido por López Obrador após uma consulta popular. Seus membros têm como objetivo a luta pela proteção ambiental do território, bem como a preservação da história e dos costumes, que vêm sendo atingidos a partir da intervenção hostil desses projetos de infraestrutura que, segundo a população local, os manteria na subalternidade. A comunidade tornou-se alvo de crescente violência, testemunhada em diversos episódios recentes. Segundo eles, o sentimento de perigo é permanente e cada vez maior. Em relação ao governo Obrador, esses moradores são taxativos: não acreditam em uma mudança estrutural.

O MOVIMENTO ZAPATISTA E O DIREITO PELO AUTOGOVERNO

O movimento zapatista é uma das resistências mais importantes, não só no México, mas no mundo. O novo zapatismo, inspirado na figura de Emiliano Zapata, que lutou na revolução de 1910, carrega uma história que mudou o México e o modo de lutar no país desde o seu levante, em 1994. Hoje, os zapatistas vivem em comunidades muito bem organizadas, com escolas, trabalho, funções e até sistema judicial, e tudo isso de forma autônoma, sem qualquer interferência do Estado ou ajuda externa. Em território zapatista, o governo não tem soberania.

Um aspecto importante dos zapatistas é o uso de balaclavas ou passa-montanhas, que os tornaram visíveis na sociedade. Sem o capuz, mantinham-se como qualquer outro grupo marginalizado. Com isso, lançam a crítica de que a classe trabalhadora e pobre precisa se cobrir e se rebelar, para que então o Estado enxergue suas necessidades.

Apesar de os zapatistas terem concorrido às eleições de 2018 com uma mulher indígena, essa candidatura foi simbólica, pois o movimento não tem expectativas nem a intenção de estabelecer um diálogo com o governo. São descrentes de qualquer forma de gestão que não seja exercida pelo próprio povo e, portanto, não alimentam esperanças com relação a

López Obrador. Tal opinião é evidenciada pelas duras críticas à promessa de construção do Trem Maia, projeto que acarretará impactos ambientais nocivos ao território de Chiapas, estado onde o movimento zapatista se concentra.

O JORNALISMO INDEPENDENTE E OS DESAFIOS DA LIBERDADE DE IMPRENSA

O contato com profissionais da imprensa livre também foi importante para conhecermos as experiências de pessoas que buscam revelar outras perspectivas dos fatos, que muitas vezes são negligenciados pela mídia tradicional. Assim, a resistência desses profissionais é importante para levar informações desconhecidas para a população.

Eles arriscam sua vida para denunciar os abusos que ocorrem tanto por parte da polícia — e, portanto, do Estado — como por parte de grupos criminosos, principalmente aqueles envolvidos com o tráfico de drogas, que está conectado à economia do Estado mexicano. Segundo relatório da Unesco de 2018 sobre a segurança dos jornalistas entre 2016 e 2017, o México foi o país com maior número de assassinatos de comunicadores nesse biênio, totalizando 26 mortes. De acordo com o informe anual da organização Repórteres Sem Fronteira, nove mortes de jornalistas foram contabilizadas.

Considerando que parte da atuação dos jornalistas independentes se dá pelo distanciamento dos discursos oficiais e dos grandes meios de comunicação, nota-se que o diálogo com o governo é exercido indiretamente através da denúncia. Com relação às expectativas sobre o novo governo, o ceticismo ante as promessas de López Obrador também é presente.

CONSIDERAÇÕES FINAIS

As diversas frentes de luta demonstram a insatisfação popular a respeito do México atual. Cada uma em sua esfera, as frentes aqui tratadas revelam os sintomas de uma relação entre o Estado e a população frágil e distante, o que explica a desconfiança por parte desses grupos sociais ante o governo de López Obrador. Não se confia no Estado mexicano e, por isso, mantém-se distância. A opção por uma alternativa ao aparato estatal vai além do EZLN, como no caso do município de Cherán, em Michoacán, que em 2011 iniciou um processo de construção de um autogoverno entre a população indígena purépecha — esse autogoverno se mantém atuante. Por outro lado, o contato com os professores dentro das universidades mexicanas revelou que o meio acadêmico se demonstra mais otimista com relação à chegada ao poder de López Obrador.

Tais tensionamentos na relação Estado-população demonstram que mesmo uma virada política como a iniciada em 2018 é encarada com descrença, prevendo que as estruturas institucionais serão mantidas intactas nos próximos anos.

REFERÊNCIAS BIBLIOGRÁFICAS

ALTMAN, Max. "Hoje na História: 1968 — Exército mexicano abre fogo contra multidão de estudantes", em *Opera Mundi*, 2 out. 2012. Disponível em: <https://operamundi.uol.com.br/historia/24628/hoje-na-historia-1968-exercito-mexicano-abre-fogo-contra-multidao-de-estudantes>. Acesso em: 20 fev. 2019.

AMÉRICA ARMADA. Direção de Pedro Asbeg e Alice Lanari. Distribuído por Gaivota Studio e Palmares Produções, 2018.

AMNISTIA INTERNACIONAL MÉXICO. "México: Medidas de protección del Estado fueron insuficientes para evitar el asesinato del defensor ambiental Julián Carrillo", 24 jan. 2019. Disponível em: <https://amnistia.org.mx/salaprensa/>. Acesso em: 20 fev. 2019.

BRASIL DE FATO. "Desaparecimento de 43 estudantes no México completa quatro anos; ninguém foi punido", em *Brasil de Fato*, 26 set. 2018. Disponível em: <https://www.brasildefato.com.br/2018/09/26/desaparecimento-de-43-estudantes-no-mexico-completa-quatro-anos-ninguem-foi punido/>. Acesso em: 20 fev. 2019.

CHRISTLIEB, Paulina Fernández. *Justicia autonoma zapatista: zona selva tzeltal.* Mexico: Ediciones Autónomas, 2014.

COMUNIDADES Y ORGANIZACIONES asistentes al Segundo Encuentro de Pueblos, Comunidades y Organizaciones "Aquí Decimos Sí a la Vida, No a la Minería". Informe: Juicio Popular Comunitario Contra el Estado y las Empresas Mineras en Oaxaca, dez. 2018.

LÓPEZ OBRADOR, Andrés Manuel López. "No se respaldará desde el gobierno a dirigentes vitalicios, antidemocráticos y corruptos, aclara López Obrador", em Foro de Cooperativismo y Movimientos Sociales, 2011, Tlaxcala. Disponível em: <https://lopezobrador.org.mx/temas/movimiento-socia les/>. Acesso em: 14 abr. 2019.

MODELLI, Lais. "Feminicídio: como uma cidade mexicana ajudou a batizar a violência contra mulheres", em *BBC*, 12 dez. 2016. Disponível em: <https://www.bbc.com/portuguese/internacional-38183545>. Acesso em: 12 jan. 2019.

PARTICIPACION DE LA COMISION SEXTA DEL EZLN. *El pensamiento crítico frente a la hidra capitalista I.* México: Ediciones Mexicanas, 2015.

PLEYERS; Geofrrey & ZEPEDA, Manuel Garza. *México en movimientos: resistencias y alternativas.* México: Universidad Autónoma Benito Juárez de Oaxaca; Universidad Autónoma de Ciudad Juárez; Miguel Ángel Porrúa, 2017.

REPORTEROS SIN FRONTERAS. *Informe anual 2018: México*, 31

dez. 2018. Disponível em: <https://www.informeanualrsf.es/news/mexico-18/>. Acesso em: 14 abr. 2019.

SAN LUIS TECUAHUTITLAN. PueblosAmerica.com. Disponível em: <https://mexico.pueblosamerica.com/i/san-luis-tecuahutitlan/>. Acesso em: 20 fev. 2019.

UNESCO. *2018 DG Report on the Safety of Journalists and the Danger of Impunity.* Intergovernmental Council of the IPDC, Paris, 2018, 31st. 97 p. Disponível em: <https://unesdoc.unesco.org/ark:/48223/pf0000265828>. Acesso em: 14 abr. 2019.

VALEDOR. Cooperativa Palo Alto. 2017. Disponível em: <https://mivaledor.com/documental/cooperativa-palo-alto/>. Acesso em: 18 jan. 2019.

PARTE IV
MUDANÇAS, CONTINUIDADES

MUDANÇA DE GOVERNO, NÃO DE REGIME

HERIBERTO PAREDES

"Tivessem feito o contrário, primeiro resolver as necessidades e depois trazer seu projeto. Não há hospitais nem nada", destaca Refugio Ascensión, comissário *ejidal* da comunidade de Conhuas, município de Calakmul, um dos pontos por onde pretende passar o Trem Maia que percorrerá a Península de Yucatán.

Esse é um dos projetos de infraestrutura mais ambiciosos do governo encabeçado por López Obrador, acompanhado pelo projeto do Trem Transístmico, com a pretensão de conectar o Golfo do México ao Oceano Pacífico. Além disso, menciona-se uma nova refinaria de combustíveis e um novo aeroporto para a Cidade do México.

O denominador comum de todos esses projetos, além de assegurar comunicações para as grandes empresas, é a incerteza. Transcorridos os primeiros meses de governo, não se conheciam os projetos a fundo, não foram levados a cabo procedimentos de informação e consulta à população e não há indícios de que isso venha a ocorrer. No entanto, no caso do projeto peninsular, empresas foram rapidamente encarregadas dos projetos e uma série de licitações foram abertas para selecionar as companhias responsáveis pela construção de sete linhas férreas que abarcarão toda a região.

Tal como apontou Refugio, essa situação representa uma boa radiografia instantânea do novo governo nos seus primeiros meses: percebe-se uma preocupação desmedida pela concretização de projetos de infraestrutura que não correspondem à solução de demandas mínimas para uma vida digna em muitos dos povoados rurais do país. Isso sem mencionar os danos ambientais dos projetos propostos.

Esse é um sintoma do que se anunciava há muito tempo: o projeto de governo de Andrés Manuel López Obrador não sai das margens do Estado mexicano; pelo contrário, as reafirma. Agora no poder, o presidente está fazendo o que pode para avançar no setor de infraestrutura e concretizar rotas comerciais, turísticas e que beneficiam empresas. Não soa exatamente como o fim do neoliberalismo, como declarou em 17 de março de 2019, ao dizer que "o México superou um pesadelo, estamos em outra etapa".

APENAS O INÍCIO DO GOVERNO

No momento em que este texto é escrito, passaram-se apenas quatro meses desde o início do novo governo. O tempo, porém, não é um indicador preciso. Desde que se reconheceu o triunfo de López Obrador, ele começou a governar de fato: primeiro, no seu escritório de campanha; depois, nas conferências matutinas, que se transformaram em uma espécie de audiência pública restrita.

É verdade que passou pouco tempo, mas apareceram grandes polêmicas, indicando a tendência geral de como serão os seis anos de governo. Percebe-se certa arrogância no desdém em face de acadêmicos e especialistas que questionaram seus projetos-estrela. Não parece haver um espaço real de diálogo e participação para debater os rumos do país — nunca houve e, provavelmente, não haverá. As estruturas do Estado mexicano não o permitem, e Obrador sabe disso. Portanto, age no sentido de conciliar duas questões aparentemente inconciliáveis: a não ruptura com o regime anterior e as altas expectativas de mudança de milhões de homens e mulheres.

Pode-se argumentar que, nos primeiros quatro meses de governo, teria sido impossível mudar os rumos do país. Contudo, foi tempo suficiente para que o presidente consolidasse megaprojetos de infraestrutura, a estratégia de segurança representada pela Guarda Nacional, o combate ao tráfico de combustível e, sobretudo, o esquecimento dos temas fundamentais da sociedade mexicana: feminicídio, desaparecimento, educação, violência, entre outros.

Nesse pouco tempo o governo também definiu, por exemplo, a postura que adotará diante de uma imprensa que o questiona, mas não necessariamente o desacredita. Para López Obrador, os jornalistas "devem ser prudentes ou já sabem o que pode acontecer". Com nove comunicadores assassinados em 2019, preocupa muito essa ameaça, diluída em uma de suas conferências matutinas.

FALTA O QUE FALTA

Apesar do discurso de mudança e transformação, o governo de López Obrador não questiona o modelo de desenvolvimento econômico. Pelo contrário, fortalece a consolidação de um Estado mais ativo (talvez a isso se refira como o fim do neoliberalismo). Para tal, serve-se de velhos políticos que encontram, como em um renascimento, a oportunidade de lavar seu passado priísta e corrupto atrás da nova imagem do governo da "quarta transformação".

Do lado das organizações sociais, o panorama não é muito alentador — sobretudo graças aos assassinatos seletivos, como o caso de Noé Jiménez Pablo, ativista chiapaneco que depois de uma série de mobilizações foi sequestrado e, um dia depois, apareceu sem vida; ou do morelense Samir Flores, opositor de um megaprojeto que atinge três estados do país (Puebla, Morelos e Tlaxcala) com a construção de uma termoelétrica e um gasoduto em solo vulcânico. Seu assassinato em 20 de fevereiro de 2019 foi devastador. Nenhum dos casos foi investigado.

De maneira geral, os movimentos como o zapatismo, as organizações e as comunidades indígenas próximas ao Congresso Nacional Indígena (CNI) e ao Congresso Indígena de Governo (CIG) são os que sustentaram uma postura mais firme e de clara oposição ao governo, e permanecem ativos para motivar a organização de base, fortalecendo suas estratégias de luta.

O que talvez se mantenha como tendência é a irrupção, cada vez mais evidente e constante, de formas de luta que excedam qualquer iniciativa governamental. Os coletivos de familiares que buscam pessoas desaparecidas estão se especializando e se formando em diferentes áreas para obter melhores resultados; os coletivos de mulheres estão ganhando força para fazer frente às necessidades imediatas e de médio e longo prazo, diante do aumento da violência de gênero.

Parece que o argumento expressado por López Obrador, de que trinta milhões de mexicanos não poderiam estar enganados, está se desmoronando. São esses mesmos milhões que, desapontados, já começam a levantar uma voz descontente, que em alguns casos se converte em uma voz crítica, que não soa prudente aos ouvidos da nova administração.

Disso podem surgir trajetórias que se opõem às muitas facetas de um Estado criminal e à violência organizada que permeia cada um dos âmbitos da vida política, econômica, social e cultural. Um dado fala dessa imperiosa necessidade: apesar da tentativa de reduzir as cifras levadas a cabo pelo novo governo, a violência aumentou: de dezembro de 2018 a abril de 2019, 11.728 pessoas foram assassinadas; ou seja, um período extremamente sangrento, que supera os governos anteriores.

Diante da falta de menção a essa situação, a narrativa das pessoas tem sido devastadora: as profissões com maiores oportunidades neste mesmo período são antropologia forense e criminologia. Esse *boom* se deve à necessidade de "começar a se adaptar às novas condições".

LULA E OBRADOR: SEMELHANÇAS?

BRUNA DE CÁSSIA LUIZ BARBOSA
GILDESON FERREIRA MOREIRA SANTOS

Situada à centro-esquerda do espectro político, a eleição de López Obrador vai na contramão do momento atual vivido pela América Latina, de ascensão da extrema-direita. A guinada do México tem sido comparada ao Brasil de 2003, quando Luiz Inácio Lula da Silva chegou ao Planalto. Essa comparação foi destacada por Celso Amorim, ex-chanceler dos governos Lula (Pignotti, 2018), que chama a atenção para semelhanças e diferenças entre Obrador e Lula, utilizando como base de comparação os discursos de campanha do atual presidente mexicano. A respeito das diferenças, Amorim salientou que as circunstâncias políticas atuais não são as mesmas de dezesseis anos atrás. Também destacou que Obrador elegeu uma maioria parlamentar, o que não ocorreu com Lula, que tinha apoio de apenas cerca de 30% dos parlamentares.

Ainda no campo das diferenças, a relação com os Estados Unidos e sua extensa fronteira terrestre, como já abordado em outro capítulo deste livro, limita a autonomia mexicana. Afinal, além da imigração, o México é amarrado economicamente ao vizinho. Já para o Brasil, teria sido menos difícil se desvincular das diretrizes de Washington.

No que diz respeito às semelhanças, as propostas apresentadas por López Obrador podem ser comparadas às de Lula.

Ambos falam em compromisso com os mais pobres e combate às desigualdades sociais. Outras similaridades incluem a intenção de levar adiante uma política industrial, o investimento e o fortalecimento das políticas energéticas, o discurso antineoliberal e o fortalecimento de empresas estatais.

López Obrador chegou ao poder com mais de 53% dos votos e um índice de popularidade inédito para um presidente. Para se aproximar do povo, Obrador começou o mandato mostrando que faria um balanço trimestral das áreas econômica, política e social. Com um discurso destacando linhas de mudança, dentro do que o presidente chama de "quarta transformação", aponta para a imagem de um líder austero e honesto, preocupado com o povo e governando para o povo. A elaboração de um discurso que demonstra uma preocupação com o bem-estar dos mais pobres é outro ponto similar entre os presidentes.

As propostas de Obrador incluem bolsas de estudos para os jovens, pensão universal para adultos e portadores de necessidades especiais, estabilização das contas públicas e gerenciamento responsável das finanças públicas, sem criação ou aumento de impostos. Assim como Lula, o presidente mexicano pretende conciliar políticas sociais com ortodoxia econômica. Na relação entre presidente e povo, Obrador parece, em um primeiro momento, ter o México aos seus pés — da mesma forma que Lula, por muito tempo, teve o Brasil. Sua figura popular e seu projeto de nacionalismo de esquerda, somados à imagem de presidente da mudança, indicam que seu governo seguirá uma linha mais popular e menos empresarial, assim como ocorreu com Lula.

Essa mudança evidencia que, apesar de todos os problemas estruturais que o México vive, a população apostou em um caminho novo para o país, com discurso populista e de esperança. O governo de López Obrador pode realmente concretizar uma mudança profunda na vida dos mexicanos, mas também pode se tornar apenas a gestão da crise pela qual o Estado vem passando.

A análise de um governo nunca é tarefa fácil, ainda mais em tão pouco tempo. No entanto, prosseguindo as comparações com o Brasil de Lula, pode-se dizer que López Obrador precisa se atentar ao promover políticas que apenas fomentem o poder de compra da população, criando uma nova classe social com melhor qualidade de vida sem modificar as estruturas do Estado mexicano. Uma sociedade que ascende socialmente pelo consumo — caso brasileiro — pode esquecer que projetos sociais oriundos de verbas públicas foram essenciais para promover essa nova situação. Ao se encontrarem em uma condição um pouco melhor, passam a criticar ações que ainda são importantes para o desenvolvimento de parte da população.

A forma de governo de Lula, chamada de "desenvolvimentismo social", funcionou até certo ponto. Talvez entre suas lições esteja a conscientização da classe trabalhadora e mais pobre sobre a necessidade de continuar lutando mesmo após uma pequena melhoria na qualidade de vida. Afinal, a elite vai concordar com essa ascensão social até que seus interesses não sejam prejudicados.

Portanto, López Obrador precisa lidar com as questões da distribuição de renda e da desigualdade social, de maneira que não promova uma alienação dessa população. Por outro lado, o contexto de mobilização popular e politização em que foi eleito pode ser positivo para a promoção das políticas sociais de seu governo.

REFERÊNCIAS BIBLIOGRÁFICAS

AGÊNCIA BRASIL. "PT deixa o poder após 13 anos com avanços sociais e economia debilitada", em *Agência Brasil*, 31 ago. 2016. Disponível em: <http://agenciabrasil.ebc.com.br/politica/noticia/2016-08/apos-13-anos-pt-deixa-o-poder-

com-avancos-sociais-mas-economia-debilitada>. Acesso em: 10 abr. 2019.

ALVARADO, Guillermo. "Os cem dias de governo de López Obrador", em *Radio Havana Cuba*, 14 mar. 2019. Disponível em: <http://www.radiohc.cu/pt/especiales/comentarios/185808-os-cem-dias-de-governo-de-lopez-obrador>. Acesso em: 20 mar. 2019.

DEUTSCHE WELLE. "Os primeiros 100 dias da esquerda no poder no México", em *Carta Capital*, 10 mar. 2019. Disponível em: <https://www.cartacapital.com.br/mundo/os-primeiros-100-dias-da-esquerda-no-poder-no-mexico/>. Acesso em: 29 mar. 2019.

EL ECONOMISTA. "Após 100 dias de governo, Obrador nega riscos de recessão no México", em *Valor Econômico*, 11 mar. 2019. Disponível em: <https://www.valor.com.br/internacional/6154749/apos-100-dias-de-governo-obrador-nega-riscos-de-recessao-no-mexico>. Acesso em: 13 mar. 2019.

FIGUEROA IBARRA, Carlos. *México, 100 dias de López Obrador*. Florianópolis: IELA, 2019. Disponível em: <http://www.iela.ufsc.br/noticia/mexico-100-dias-de-lopez-obrador>. Acesso em: 20 mar. 2019.

PIGNOTTI, Darío. "Celso Amorim: 'López Obrador é um exemplo para a América Latina'", em *Carta Maior*, 27 ago. 2018. Disponível em <https://www.cartamaior.com.br/?/Editoria/Politica/Celso-Amorim-Lopez-Obrador-e-um-exemplo-para-a-America-Latina-/4/40836>. Acesso em 5 abr. 2019.

SATIE, Anna. "Relembre os 100 primeiros dias de Collor, FHC, Lula e Dilma na Presidência", em *Folha de S. Paulo*, 11 abr. 2019. Disponível em: <https://www1.folha.uol.com.br/poder/2019/04/relembre-os-100-primeiros-dias-de-collor-fhc-lula-e-dilma-na-presidencia.shtml>. Acesso em: 13 abr. 2019.

OBRADOR E BOLSONARO: CONVERGÊNCIAS?

RODRIGO CHAGAS

A proposta política de López Obrador destoa da tendência à direita que ganha força no mundo e que se firma entre os latino-americanos com a escolha brasileira por Jair Bolsonaro. Apesar das evidentes disparidades entre os dois presidentes recém-eleitos, quando olhamos para o processo que os levou ao poder em uma perspectiva histórica, certos aspectos convergentes chamam a atenção e sugerem questionamentos.

Em qual medida o esgotamento do neoliberalismo escancarado do México vincula-se à exaustão de sua versão velada à brasileira, e vice-versa? Trata-se, como pensam alguns analistas, de uma crise do neoliberalismo ou de uma mostra da vitalidade desta "nova razão" em solo latino-americano?

A partir de 1988 iniciou-se o que o professor e sociólogo Lucio Oliver, em palestra, denominou de "ciclo do Estado neoliberal", que se expressou por meio de governos "democrático-neoliberais" no Brasil (PSDB e PT) e "autoritário-neoliberais" no México (PRI e PAN). Neste último país, tal ciclo emergiu por um golpe de Estado "técnico" com a fraude eleitoral a favor de Carlos Salinas, que voltou a ocorrer em pleitos seguintes. Como sabemos, no Brasil, o mesmo ano de 1988 foi marcado pela promulgação da nova Constituição, seguida por eleições que, não obstante a experiência com Fernando Collor de Mello, revestiram-se de legitimidade até o impeachment de Dilma Rousseff e a prisão de Lula.

Em resumo, ante a crise dos anos 1980, explicitaram-se alternativas conservadoras de estilos diferentes: no México, foi necessário o recurso à fraude e à ampliação das alianças políticas do PRI, que passou a alternar o poder com o PAN; no Brasil, a nova Constituição selou a "transição transada", institucionalizando elementos da ditadura que balizaram a política e a sociedade civil na Nova República sob um semblante democrático. Os governos que se seguiram, por aqui e por lá, foram os responsáveis por consolidar os padrões políticos e econômicos marcados tanto pelo neoliberalismo como pelo Nafta.

Nas eleições de 2018, a candidatura social-democrata do mexicano suscitou expectativas de mudanças sociais profundas. O governo promete realizar uma "quarta transformação", dando seguimento à Independência de 1821, à Reforma de 1861 e à Revolução Mexicana de 1910. Enquanto isso, no Brasil, a candidatura explicitamente neoliberal de Bolsonaro, em defesa do mercado financeiro e do "cidadão de bem", redimensiona e amplia as balizas herdadas do período ditatorial entre 1964 e 1985.

Contudo, como demonstrado ao longo deste livro, há reticências sobre a real possibilidade de López Obrador fomentar transformações profundas na sociedade mexicana, indo além da gestão política das misérias sociais. Qual a iniciativa efetiva do novo governo para reverter os elementos neoliberais e a relação herdada entre México e Estados Unidos? Por outro lado, o exemplo da capitulação de líderes latino-americanos identificados com a esquerda à lógica neoliberal amplia a suspeita sobre suas propostas.

No século XX, a problemática do subdesenvolvimento dinamizou boa parte dos projetos políticos latino-americanos. Os resquícios desse amplo debate ainda foram vistos em campanhas passadas como as do PT, ao destacar os problemas da fome e da desigualdade. Nas últimas eleições, no entanto, notabilizaram-se entre mexicanos e brasileiros outros dois eixos discursivos: a violência e a corrupção — dois problemas com raízes profundas nas sociedades latino-americanas, mas manipuláveis para diferentes finalidades, quando desconectados de uma análise sobre suas origens e de um projeto de sociedade capaz de superá-los.

Assim, tanto a campanha explícita contra os direitos humanos, apresentada por Bolsonaro, como o discurso progressista de Obrador coincidiram na incorporação de tais temáticas. No México apresentou-se o projeto de uma nova Guarda Nacional como alternativa para reverter a "guerra às drogas"; entre nós, fomentou-se o afã por uma militarização total da vida cotidiana.

Em um plano geral, para explicar a crise de seus respectivos países, foi notável o relevo atribuído à atuação estatal. A política neoliberal escancarada figurou como a causa da desestruturação do Estado mexicano, que se tornou incapaz de responder ao conjunto das mazelas sociais do país; no Brasil, seria justamente a "hipertrofia" estatal a origem de problemas tão semelhantes, incluída a corrupção.

Também em sentido contrário, e permeado de grandes especificidades, confluiu o cenário político norte-americano. O governo de Donald Trump favoreceu um discurso que ressalta a necessidade de independência mexicana à política do muralismo ianque; por aqui, o *businessman* figurou como o aliado preferencial e modelo de atuação ao candidato que outorgou todos os problemas nacionais ao "comunismo-petista".

Ou seja, um sentimento geral de "basta!" abriu espaço para as promessas de renovação e mudança tanto no México como no Brasil. Não foi casual, portanto, a criação dos novos partidos — Morena lá, PSL aqui —, bem como o discurso de uma "nova política", ainda que os candidatos já participassem, há anos, do jogo político institucional de seus países. Foi decisivo para o êxito de ambas as candidaturas se apresentarem como antípodas daqueles que ocupavam o poder. Neste clima, estimulado pelas redes sociais, realizou-se um passo cruzado no qual o que é ruim para um se torna a saída para o outro: projetos teoricamente opostos, mas que vêm gerando problemas semelhantes.

A eleição de Obrador é vista como o fim do ciclo neoliberal para importantes figuras da esquerda mexicana, tanto em movimentos sociais como no meio acadêmico. No entanto, críticos importantes, como os zapatistas, não deixam de denunciar o que consideram um projeto tardio de "neoliberalismo *soft*". Não parece escapar, mesmo aos entusiastas do Morena, que o "atraso histórico" do projeto de Obrador — que entra no "ciclo progressista" depois de sua derrocada na América do Sul — reduz as margens de manobra de um governo que terá poucos aliados em um momento crítico à região.

Eleitos, Bolsonaro e Obrador assemelham-se agora nas inquietações ante a um possível circuito fechado, isto é, o perigo de uma alternância combinada entre duas faces neoliberais: uma cumpre funções meramente destrutivas e a outra apazigua a pressão dos debaixo, desvirtuando alternativas. Por isso, no México se analisa com apreensão os "erros" do lulismo, enquanto cabe a nós o exame desesperançoso das últimas décadas mexicanas. Seja como for, os passados recentes desses países se impõem aos críticos como esfinges que desafiam o futuro da América Latina: "decifrem-nos ou lhes devoramos", repetem, insaciáveis.

REFERÊNCIAS BIBLIOGRÁFICAS

CNN EXPANSIÓN. "Las 6 promesas económicas de AMLO", em *Expansión*, 15 nov. 2011. Disponível em: <https://expansion.mx/economia/2011/11/15/6-propuestas-economicasde-amlo>. Acesso em: 26 jun. 2019.

MANDOKI, L. *Elecciones 2006: la história del fraude*. México: Contra el Viento, Documentário, 2007.
NAVARRO, Santiago. "Mexican Indigenous Peoples Prepare to Resist Lopez Obrador's Neoliberal Policies", em *Avispa*, 28 out. 2018. Disponível em: <https://avispa.org/mexican-indigenous-peoples-prepare-to-resist-lopez-obradors-neoliberal-nolicies>. Acesso em: 26 jun. 2019.
SANTOS, Fabio Luis Barbosa dos. *Uma história da onda progressista sul-americana (1998–2016)*. São Paulo: Elefante, 2018.

AL PUE

REFLEXÕES FINAIS

VITÓRIA DA MUDANÇA OU GESTÃO DA CRISE?

Uma mudança política importante aconteceu no México em 2018: pela primeira vez, um candidato à esquerda no espectro político elegeu-se presidente. Considerando que, no século XX, um único partido (PRI) dominou a política do país; que este partido recorreu à fraude para evitar a derrota eleitoral; e que depois compartilhou o poder com uma organização à sua direita (PAN), além de outros fatores, o impacto da vitória de Andrés Manuel López Obrador não deve ser subestimado. A longa transição entre o padrão de dominação priísta — cuja crise se explicitou em 1988 — e uma política alternativa foi consumada. Os anos de hegemonia do PRI, ou do "PRIAN", são parte do passado.

Entretanto, para além da retórica de uma "quarta transformação", as determinações do padrão de reprodução capitalista herdado não estão em questão. A indústria *maquiladora* assentada na exploração de trabalho barato e o extrativismo que devasta recursos naturais, chocando-se com modos de vida comunitários, ambos apoiados em isenções fiscais, seguem sua marcha. Em lugar de um modelo alternativo, López Obrador pretende dinamizar a economia por meio do investimento público, particularmente em projetos de infraestrutura, enquanto as mazelas sociais são endereçadas por um leque de políticas sociais convencionais. Essencialmente, o novo presidente reedita o discurso desenvolvimentista, mas com um calcanhar de Aquiles importante: as relações com os Estados Unidos, sacramentadas pelo Nafta.

Interrogações quanto à viabilidade desse projeto colocam-se em dois planos: o que o governo se propõe a fazer e o que seria preciso para transformar o país.

Avaliado em seus próprios termos, o projeto obradorista se depara com alguns impasses: como fazer políticas públicas sem modificar a estrutura de arrecadação e gasto? A resposta do governo resume-se a economizar, combatendo a corrupção. Outra questão central é: como conceber o desenvolvimento nacional nos marcos do Nafta? Essa hipótese parece tão remota no debate político mexicano que López Obrador nem sequer se ocupa em respondê-la. As ambiguidades do governo são sintetizadas na política de segurança, na qual o caminho para superar a lógica da guerra às drogas implicou a criação de outro corpo militar, que se pretende mais responsável e eficaz.

Em um segundo plano nos interrogamos sobre o alcance de uma mudança que não enfrenta a estrutura dos problemas, em uma realidade em que as diferentes dimensões da questão social estão imbricadas. Por exemplo: o drama da segurança está vinculado à deterioração do tecido social, cujo núcleo é a degradação do mundo do trabalho. A crise do trabalho, por sua vez, foi acentuada pelos efeitos do Nafta no campo e na cidade. No campo, comprometeu-se a produção camponesa, enquanto o agronegócio e o extrativismo se fortaleceram; nas cidades, reforçou-se a exportação *maquiladora* em detrimento da indústria nacional. A falta de trabalho e a sua precarização impulsionam a imigração, que, somada ao tráfico de drogas e à própria economia *maquiladora*, conformam um arco de questões que, aos olhos dos Estados Unidos, exige a sua ingerência na política mexicana.

Visto em conjunto, o desafio que se coloca é mais complexo do que constatar que a economia criminosa diversificou-se e, em muitas regiões, está entrelaçada à economia legal; ou denunciar a relação simbiótica entre Estado e economia delitiva, envolvendo políticos e policiais; ou, ainda, identificar os nexos entre crime organizado, que expulsa populações e gerencia territórios, e extrativismo.

O ponto a salientar é que enfrentar qualquer uma destas questões — crime organizado, relações de trabalho, questão agrária, extrativismo, política industrial, imigração, entre outras — exige confrontar o modo como elas se articulam entre si, conformando uma totalidade. E o todo, no caso mexicano, passa imperativamente pela relação com os Estados Unidos.

Diante desta realidade, o nome oficial do país, Estados Unidos Mexicanos, oferece uma imagem sugestiva do desafio colocado: desfazer o nó que ata os vizinhos parece exigir nada menos do que a sua refundação. Evidentemente, não é essa a "quarta transformação" emulada por López Obrador. Na realidade, no México atual, como em outras partes do mundo, projetos de transformação radical não estão na pauta.

Entretanto, eles existem, resistem e persistem. No caso mexicano, a antítese da relação simbiótica entre Estado e crime organizado é a relação, também simbiótica, entre tradições de autonomia popular e relações sociais comunitárias. Vislumbra-se uma relação antitética entre a profundidade dos problemas mexicanos e a radicalidade daqueles que, nas franjas da institucionalidade, os encaram pela raiz.

Nesse sentido, chamou a atenção do nosso grupo constatar, no conjunto de diálogos e visitas no México, um contraste entre os discursos proferidos dentro da universidade, geralmente marcados por expectativa positiva em relação ao governo que se iniciava, e o discurso dos movimentos populares, nos quais prevaleceu o ceticismo.

No caracol zapatista de Oventik, onde as paredes são decoradas com um colorido exuberante, encontramos a seguinte frase grafitada: "Nossos sonhos não cabem em suas urnas. Nem nossos pesadelos. Nem nossos mortos". Talvez a expectativa em relação ao governo López Obrador tenha a ver, afinal, com o sonho que cada um tem.

SOBRE OS AUTORES

ACÁCIO AUGUSTO Doutor em ciências sociais pela Pontifícia Universidade Católica de São Paulo (PUC-SP), professor de relações internacionais na Universidade Federal de São Paulo (Unifesp) e coordenador do Laboratório de Análise em Segurança Internacional e Tecnologias de Monitoramento.

ALEJANDRO REYES Escritor, tradutor e jornalista. Mestre em estudos latino-americanos e doutor em literatura latino-americana pela Universidade da Califórnia, em Berkeley, e membro fundador do coletivo de mídia livre Radio Zapatista.

BRUNA DE CÁSSIA LUIZ BARBOSA Graduanda em relações internacionais pela Universidade de Mogi das Cruzes.

CARLOS EDUARDO CARVALHO Professor do Departamento de Economia da PUC-SP e do programa de pós-graduação em relações internacionais San Tiago Dantas da Universidade Estadual Paulista (Unesp), Universidade Estadual de Campinas (Unicamp) e PUC-SP. Doutor em economia pela Unicamp.

CARLOS SEIZEM IRAMINA Graduado em ciências sociais pela Universidade de São Paulo (USP) e mestre em desenvolvimento econômico pela Unicamp.

DAVID BARRIOS RODRÍGUEZ Mestre e doutorando no programa de pós-graduação em estudos latino-americanos da Universidade Nacional Autônoma do México (Unam). Pesquisador no Observatório Latino-Americano de Geopolítica, do Instituto de Investigações Econômicas da Unam.

EDUARDA CAPOVILA GOMES Graduanda em ciências econômicas pela Unifesp.

EDUARDO ELIAS GAMINO CARDOSO Graduando em relações internacionais pela Unifesp.

FABIANA RITA DESSOTTI Doutora em ciências sociais pela PUC-SP e professora de relações internacionais da Unifesp.

FABIO BARBOSA CANO Pesquisador no Instituto de Investigações Econômicas e professor da Faculdade de Engenharia da Unam.

FABIO LUIS BARBOSA DOS SANTOS Professor de relações internacionais da Unifesp. Autor de *Uma história da onda progressista sul-americana (1998–2016)* e *Além do PT: a crise da esquerda brasileira em perspectiva latino-americana*, ambos publicados pela Editora Elefante.

FLAVIA DOS REIS Bacharela em química e especialista em gestão e tecnologias ambientais, ambos pela Universidade de São Paulo. Graduanda em ciências contábeis pela Unifesp.

GABRIELA LIMA SANTOS Graduanda em relações internacionais pela Universidade Federal do ABC (UFABC).

GILDESON FERREIRA MOREIRA SANTOS Jornalista formado pela USP.

GIOVANE GOMES DIAS Graduando em ciências econômicas pela Unifesp.

GISLAINE AMARAL SILVA Graduanda em relações internacionais pela Unifesp.

HERIBERTO PAREDES Fotógrafo e jornalista independente, colabora com distintos meios de comunicação no México, Estados Unidos, Alemanha, Noruega, Bélgica, Holanda, Brasil e Guatemala, em temas relacionados com os povos indígenas e com os efeitos da violência no México e na América Latina

JOSEFINA MORALES Doutora em estudos latino-americanos, pesquisadora titular no Instituto de Investigações Econômicas da Unam. Professora e orientadora da pós-graduação em estudos latino-americanos e da pós-graduação em geografia da Unam. Membro da mesa diretiva da Sociedade Latino-Americana de Economia Política e Pensamento Crítico.

JULIA BERNARDES RATTIS BATISTA Graduanda em relações internacionais pela Unifesp.

LAIS DRUMOND BRANDÃO Graduanda em gestão de políticas públicas pela UFABC.

LUCIANA ACCIOLY Jornalista, especialista em arte-educação e mestre em artes visuais pela Escola de Belas Artes da Universidade Federal da Bahia (UFBA), aluna do programa multi-institucional e multidisciplinar em difusão do conhecimento da UFBA.

LUCIANA ROSA DE SOUZA Pós-doutora pela Universidade Livre de Berlim e doutora em desenvolvimento econômico pela Unicamp. Professora no curso de ciências econômicas da Unifesp.

MANUEL GARZA ZEPEDA Professor e pesquisador do Instituto de Investigaciones Sociológicas de la Universidad Autónoma Benito Juárez de Oaxaca, autor e coordenador de diversos livros sobre movimentos populares mexicanos.

MARCELA FRANZONI Doutoranda e mestra pelo programa de pós-graduação em relações internacionais San Tiago Dantas (Unesp, Unicamp, PUC-SP), com pesquisa financiada pela Fundação de Amparo à Pesquisa do Estado de São Paulo (Fapesp),, processo 2018/00711-8.

MATHEUS MONTE ESCOBET Graduando em ciências econômicas pela Unifesp.

MILENA CUNHA Graduanda em relações internacionais e pesquisadora no Laboratório de Análise em Segurança Internacional e Tecnologias de Monitoramento da Unifesp.

PATRÍCIA DA SILVA SANTOS Graduanda em relações internacionais pela Unifesp.

PATRICIA SPOSITO MECHI Doutora em história social pela PUC-SP e professora da Universidade Federal da Integração Latino-Americana (Unila).

RAFAEL TEIXEIRA LIMA Bacharel em relações internacionais pela Unifesp e mestre em integração contemporânea da América Latina pela Unila.

RAFAELLA LIMA DOS SANTOS Mestranda em economia e desenvolvimento pela Unifesp e graduada em ciências econômicas pelo Centro Universitário Padre Anchieta.

RANI SANTOS DE ANDRADE Bacharela em relações internacionais pela Unifesp.

RICHARD ALVES SALES Graduando em ciências econômicas pela Unifesp.

RODRIGO CHAGAS Doutor em desenvolvimento econômico pelo Instituto de Economia da Unicamp e professor do curso de ciências sociais da Universidade Federal de Roraima (UFRR).

SOFIA DRAGAN Graduanda em relações internacionais da Unifesp.

TARCIZIO RODRIGO DE SANTANA MELO Graduando em relações internacionais pela UFABC.

TAYNA APARECIDA RIBEIRO DE SOUZA Graduanda em ciências econômicas pela Unifesp.

THOMAZ VITOR COSTA FERNANDES DE SOUZA Graduando em ciência política e sociologia pela Unila.

Também participaram da viagem:

ELLEN ELSIE NASCIMENTO Cientista social pela Universidade Federal da Paraíba e doutoranda em sociologia pela USP.

JENIFFER ALESSANDRA SUPPLIZI Graduada em relações internacionais pela PUC-SP.

LUIZA DE PAULA NUNES Graduada em ciências econômicas pela Universidade Presbiteriana Mackenzie e titular de MBA em riscos atuariais e financeiros.

Contribuíram com o grupo no processo de formação em São Paulo: **ADRIANA FELDEN, ANA CRISTINA DE VASCONCELOS, ALEXANDER MAXIMILIAN HILSENBECK FILHO, ALÍJ AQUETZA ANAYA LÓPEZ, CARLOS EDUARDO CARVALHO, DANIELA CALVO RODRIGUES DIONÍZIO, ESTER RIZZI, LIZ NATÁLIA SÓRIA, RAFAEL VILLA, PEDRO CHEDAVERIAN E WALDO LAO.**

SOBRE O PROJETO

O programa de extensão Realidade Latino-Americana nasceu em 2014, inspirado na experiência de viagens militantes pela América Latina realizadas na virada do século. Formado por professores, estudantes de pós-graduação e graduação de diferentes universidades (Unifesp, USP, Unicamp, Unila, Unirio e UFRR) e áreas (história, relações internacionais, economia), o grupo constrói, a cada ano, ciclos de três momentos: primeiro, a formação coletiva com aulas e palestras realizadas em São Paulo; segundo, a viagem de campo para os países estudados, com uma agenda previamente construída de entrevistas e visitas; terceiro, a divulgação dos aprendizados em forma de artigos, seminários, livros e exposições fotográficas.

Desde sua origem, o projeto conta com a parceria do Memorial da América Latina, que sedia os encontros de preparação e as atividades de difusão. O Memorial também apoia a publicação de resultados das viagens na forma de livros eletrônicos que compõem a coleção "Pedagogia da Viagem", cujo primeiro volume foi lançado recentemente.

Em 2014, o projeto viajou para Colômbia e Venezuela. Em 2015, para Bolívia e Peru. Em 2016, Cuba, cuja experiência resultou no livro *Cuba no século XXI: dilemas da revolução* (Elefante, 2017). Em 2017, Chile e Argentina. Em 2018, para o México — viagem que deu origem a este volume.

Referenciado no pensamento crítico e radical da América Latina, o projeto pretende desenvolver um olhar histórico-estrutural sobre os conflitos políticos conjunturais, lançando mão de uma metodologia comparativa e uma pedagogia alicerçada no diálogo, mesclando pesquisa, ensino e extensão em um mesmo processo formativo.

Primeira edição, setembro de 2019
São Paulo, Brasil

Dados Internacionais de Catalogação na Publicação (CIP)
Angélica Ilacqua CRB—8/7057

México e os desafios do progressismo tardio / organização de Fabiana Rita Dessotti, Fabio Luis Barbosa dos Santos, Marcela Franzoni. -- São Paulo : Elefante, 2019.
256 p.

ISBN 978-85-93115-40-0

1. México 2. México - Condições econômicas 3. México - Política e governo 4. México - Aspectos sociais 5. México - História I. Dessotti, Fabiana Rita II. Santos, Fabio Luis Barbosa dos III. Franzoni, Marcelo

19-1957 CDD 972

Índices para catálogo sistemático:
1. México - Política e governo

EDITORA ELEFANTE
www.editoraelefante.com.br
editoraelefante@gmail.com
fb.com/editoraelefante
instagram.com/editoraelefante

FONTES GT HAPTIK & PENSUM PRO

PAPÉIS CARTÃO 250 G/M² & PÓLEN SOFT 80 G/M²

IMPRESSÃO BMF GRÁFICA

TIRAGEM 2.000 EXEMPLARES